Reinhard Stock

Die Verbreitung von Waldschäden in Fichtenforsten des Westharzes — Eine geographische Analyse

GÖTTINGER GEOGRAPHISCHE ABHANDLUNGEN

Herausgegeben vom Vorstand des Geographischen Instituts
der Universität Göttingen
Schriftleitung: Karl-Heinz Pörtge

Heft 89

Reinhard Stock

Die Verbreitung von Waldschäden in Fichtenforsten des Westharzes — Eine geographische Analyse

Mit 38 Abbildungen und 20 Tabellen

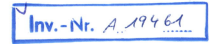

1990

Verlag Erich Goltze GmbH & Co. KG, Göttingen

ISSN 0341-3780
ISBN 3-88452-089-X

Druck: Erich Goltze GmbH & Co. KG, Göttingen

INHALTSVERZEICHNIS

I. Einführung 13
   1. Einleitung und Zielsetzung 13
   2. Das Untersuchungsgebiet 15
      2.1 Lage, Petrographie, Relief und Boden 15
      2.2 Fichtenwälder des Westharzes 17

II. Schadbilder an der Fichte 17
   1. Kronenverlichtung durch Nadelverluste 18
      1.1 Zur Physiologie des Nadelfalls 18
      1.2 Zur Symptomatik 18
   2. Nadelvergilbung 22
   3. Zur Verbreitung und Dynamik der Schadbilder 23

III. Regionale Verbreitungsmuster der Nadelvergilbung und Kronenverlichtung . 24
   1. Zur Beschreibung von Verbreitungsmustern 24
   2. Color-Infrarot(CIR)-Luftbilder als Datenbasis 25
   3. Datenauswertung 27
      3.1 Beschreibung der Schäden im Bestand 27
      3.2 Kartographische Aufbereitung der Waldschadensdaten 28
   4. Regionale Verbreitungsmuster 29
      4.1 Verbreitung der Schadbilder im Zusammenhang mit dem Relief 29
      4.2 Verbreitung der Schadbilder im Zusammenhang mit dem Gestein 31
      4.3 Verbreitung der Schadbilder im Zusammenhang mit dem Bestandesalter . . 40

IV. Zur Variabilität der Nadelvergilbung und der Kronenverlichtung in Teilgebieten des Westharzes 41
   1. Teilgebiete 41
   2. Erhebung von Bestandes- und Standortsdaten 42
   3. Statistische Auswertung 44
   4. Ergebnisse 44
      4.1 Bivariate Zusammenhänge 46
         4.1.1 Höhe ü.NN 46
         4.1.2 Exposition 48
         4.1.3 Kronenschluß 53
      4.2 Multivariate Zusammenhänge 53

V. Mögliche Ursachen der Schadensverteilung 55
1. Hypothesenauswahl 55
2. Wissensstand und Annahmen zur räumlichen Variabilität der Depositionsrate im Untersuchungsgebiet 57
3. Wissensstand und Annahmen zur räumlichen Variabilität der Silikatverwitterungsrate im Untersuchungsgebiet 61

VI. Lokale Vergilbungsmuster und ihre Beziehung zu bodenchemischen Eigenschaften 65
1. Großräumige Verbreitung lokaler Vergilbungsmuster 65
2. Untersuchung ausgewählter Standorte 67
   2.1 Untersuchungsflächen 67
      2.1.1 Lage und Bestandeseigenschaften 67
      2.1.2 Böden 70
   2.2 Datenbasis 70
      2.2.1 Luftbildinterpretation 70
      2.2.2 Gewinnung und Auswertung der Bodendaten 71
   2.3 Ergebnisse 72
      2.3.1 Schädigung der Untersuchungsbestände 72
      2.3.2 Ergebnisse der bodenchemischen Untersuchungen 72
         2.3.2.1 Effektive Austauschkapazität 73
         2.3.2.2 Gleichgewichtsbodenlösung 75
         2.3.2.3 Zur Bedeutung des molaren Mg/Al-Verhältnisses 76

VII. Diskussion und Schlussfolgerungen 80
1. Zu den regionalen Mustern der Schadensverteilung 81
2. Zu den Schadensmustern in Teilgebieten des Westharzes 84
3. Zu den lokalen Vergilbungsmustern 86

VIII. Zusammenfassung 91

IX. Summary 92

X. Literaturverzeichnis 94

Kartenverzeichnis 102

ABBILDUNGSVERZEICHNIS

Abb. 1: Übersichtskarte des Untersuchungsgebietes 15
Abb. 2: Schadbilder an Fichten im Color-Infrarot-Luftbild 20
Abb. 3: Verteilung der Stichprobenpunkte (Bestände) der Waldschadensinventur des Westharzes auf der Grundlage von Color-Infrarot(CIR)-Luftbildern 1985 . 26
Abb. 4: Regionale Verteilung der Nadelvergilbung in Beziehung zum Relief 29
Abb. 5: Regionale Verteilung der Kronenverlichtung durch Nadelverluste in Beziehung zum Relief 30
Abb. 6: Regionale Verteilung der Nadelvergilbung in Beziehung zum Grundgestein . 32
Abb. 7: Regionale Verteilung der Kronenverlichtung durch Nadelverluste in Beziehung zum Grundgestein 34
Abb. 8: Regionale Verteilung der Nadelvergilbung in ≤ 60-jährigen Beständen ... 36
Abb. 9: Regionale Verteilung der Nadelvergilbung in > 60-jährigen Beständen ... 37
Abb. 10: Regionale Verteilung der Kronenverlichtung durch Nadelverluste in ≤ 60-jährigen Beständen 38
Abb. 11: Regionale Verteilung der Kronenverlichtung durch Nadelverluste in > 60-jährigen Beständen 39
Abb. 12 : Lage der Teiluntersuchungsgebiete 42
Abb. 13: Schädigung als prozentualer Anteil der Nadelvergilbung und der Kronenverlichtung durch Nadelverluste in Abhängigkeit von der Höhe ü.NN in den Teilgebieten Acker-Bruchberg (a), Torfhäuser Hügelland (b) und Goseberg-land (c) 47
Abb. 14: Schädigung als prozentualer Anteil der Nadelvergilbung und der Kronenverlichtung in ≤ 60-jährigen- (a) und > 60-jährigen (b) Beständen in Abhängigkeit von der Höhe ü.NN im Teilgebiet W-Harzrand 48
Abb. 15: Schädigung als prozentualer Anteil der Nadelvergilbung und der Kronenverlichtung in ≤ 60-jährigen- (a) und > 60-jährigen (b) Beständen in Abhängigkeit von der Höhe ü.NN im Teilgebiet Sieberbergland 48
Abb. 16: Schädigung als prozentualer Anteil der Nadelvergilbung und der Kronenverlichtung in ≤ 60-jährigen- (a) und > 60-jährigen (b) Beständen in Abhängigkeit von der Höhe ü.NN im Teilgebiet Oderbergland 49
Abb. 17: Anteil der Nadelvergilbung und der Kronenverlichtung in ≤ 60-jährigen- (a) und > 60-jährigen (b) Beständen in Abhängigkeit von der Exposition im Teilgebiet W-Harzrand 49
Abb. 18: Anteil der Nadelvergilbung und der Kronenverlichtung in Abhängigkeit von der Exposition in > 60-jährigen Beständen im Teilgebiet Acker-Bruchberg . 50
Abb. 19: Anteil der Nadelvergilbung und der Kronenverlichtung in ≤ 60-jährigen- (a) und > 60-jährigen (b) Beständen in Abhängigkeit von der Exposition im Teilgebiet Gosebergland 50
Abb. 20: Anteil der Nadelvergilbung und der Kronenverlichtung in Abhängigkeit von der Exposition in > 60-jährigen Beständen im Teilgebiet Torfhäuser Hügelland 51
Abb. 21: Anteil der Nadelvergilbung und der Kronenverlichtung in ≤ 60-jährigen- (a) und > 60-jährigen (b) Beständen in Abhängigkeit von der Exposition im Teilgebiet Sieberbergland 51

Abb. 22: Anteil der Nadelvergilbung und der Kronenverlichtung in ≤ 60-jährigen- (a) und > 60-jährigen (b) Beständen in Abhängigkeit von der Exposition im Teilgebiet Oderbergland 52
Abb. 23: Anteil der Nadelvergilbung und der Kronenverlichtung in den Teilgebieten Acker-Bruchberg (a), Gosebergland (b), Oderbergland (c), Sieberbergland(d), Torfhäuser Hügelland (e) und W-Harzrand (f) in Abhängigkeit von dem Schlußgrad in > 60-jährigen Beständen 52
Abb. 24: Niederschlags- und Interzeptionsdeposition von Sulfat-S an 5 Meßflächen im Westharz 58
Abb. 25: Verteilung lokaler Vergilbungsmuster im Westharz 66
Abb. 26: Topographische Lage der Teilflächen H(u) und H(g) am Standort Harzburg . 68
Abb. 27: Topographische Lage der Teilflächen C(u) und C(g) am Standort Clausthal . 68
Abb. 28: Topographische Lage der Teilflächen S(u) und S(g) am Standort Schulenberg . 69
Abb. 29: Effektive Kationenaustauschkapazität der Bodenfestphase in den schwach- und stark vergilbten Teilflächen 74
Abb. 30: Zusammenhang zwischen der Sulfat- und Nitratkonzentration und der Aluminiumkonzentration in der Bodenlösung am Standort Harzburg . . . 77
Abb. 31: Zusammenhang zwischen der Sulfat- und Nitratkonzentration und der Magnesiumkonzentration in der Bodenlösung am Standort Harzburg . . . 77
Abb. 32: Zusammenhang zwischen der Sulfat- und Nitratkonzentration und der Magnesiumkonzentration in der Bodenlösung am Standort Clausthal 78
Abb. 33: Zusammenhang zwischen der Magnesiumsättigung der Bodenfestphase und der Magnesiumkonzentration der Bodenlösung am Standort Clausthal . . . 78
Abb. 34: Zusammenhang zwischen der Magnesiumsättigung der Bodenfestphase und der Magnesiumkonzentration der Bodenlösung am Standort Schulenberg . 79
Abb. 35: Zusammenhang zwischen der Sulfat- und Nitratkonzentration und der Magnesiumkonzentration in der Bodenlösung am Standort Schulenberg . . 80
Abb. 36: Anteil der Nadelvergilbung in Beständen verschiedener Gesteinseinheiten am nördlichen Harzrand 81
Abb. 37: Verteilung der Nadelvergilbung und der Kronenverlichtung durch Nadelverluste in ≤ 60-jährigen (a) und > 60-jährigen (b) Beständen entlang eines West-Ost-Profils im Westharz 82
Abb. 38: Veränderung (1977–1988) des molaren Mg/Al Verhältnisses in der Bodenlösung (Bodentiefe 1m) im Wassereinzugsgebiet der Langen Bramke (Nordharz) 86

TABELLENVERZEICHNIS

Tab. 1: Variabilität morphologischer Merkmale der Fichtenkrone 19
Tab. 2: Vergilbungssymptome an Fichtennadeln in Abhängigkeit vom Standort . . . 23
Tab. 3: Technische Daten der Befliegung des Westharzes zur Waldschadenserfassung durch Color-Infrarot-Farbluftbild 1985 25
Tab. 4: Schadstufenklassifikation für Fichte 27
Tab. 5: Übersicht der Bestandes- und Standortsmerkmale und ihre Ausprägungen . . 43

Tab. 6: Prozentuale Häufigkeit der Nadelvergilbung und Kronenverlichtung durch Nadelverluste in ≤ 60-jährigen- und > 60-jährigen Fichtenbeständen aus Teilgebieten des Westharzes 45
Tab. 7: Ergebnisse der multiplen Regressionsanalyse für Teilgebiete des Westharzes . 54
Tab. 8: Regionale Variabilität und Jahresgang des Niederschlages und der Nebelhäufigkeit 59
Tab. 9: Windverteilung und mittlere Windstärke in verschiedenen Regionen des Harzes 60
Tab. 10: Mineralbestand einiger Sedimentgesteine und Magmatite des Westharzes . . . 62
Tab. 11: Gemittelte chemische Analysen von Sedimentgesteinen und Magmatiten des Westharzes 62
Tab. 12: Anteil (%) vergilbter Bäume (Einzelbaumauswertung) in den schwach und stark geschädigten Bestandesteilen der Standorte Harzburg (H), Clausthal (C) und Schulenberg (S) 72
Tab. 13: Mittelwerte der Äquivalentanteile austauschbarer Kationen 74
Tab. 14: Mittelwerte der Elementkonzentrationen in der Gleichgewichtsbodenlösung . 75
Tab. 15: Mittelwerte der Sulfatkonzentration in Quellen und Bachwässern des Nordwestharzes entlang eines Schädigungsgradienten 83
Tab. 16: Vergleich des Freiland- und Bestandesniederschlages von 2 Meßflächen im Innerstetal des Nordwestharzes 84
Tab. 17: Variabilität verschiedener Klimaelemente in Abhängigkeit von der Höhe . . 85
Tab. 18: Mineralzusammensetzung der am Standort Schulenberg anstehenden Gesteine 87
Tab. 19: Chemische Zusammensetzung der am Standort Schulenberg anstehenden Gesteine 88
Tab. 20: Bestandesniederschlag am Standort Harzburg 89

VORWORT

Die vorliegende Arbeit entstand am Geographischen Institut der Universität Göttingen unter der Anleitung von Prof. Dr. J. Spönemann, dem ich für die hilfreichen Anregungen und Diskussionen sowie den großzügigen Freiraum bei der Bearbeitung des Themas danke.

Die Untersuchung basiert auf Waldschadensdaten aus Infrarot-Luftbildern der Niedersächsischen Forstlichen Versuchsanstalt und auf bodenchemischen Analysen, die im Institut für Bodenkunde und Waldernährung der Forstlichen Fakultät der Universität Göttingen durchgeführt werden konnten. Bei den Mitarbeitern dieser Institute, insbesondere bei Dr. G. Hartmann und R. Uebel von der Niedersächsischen Forstlichen Versuchsanstalt sowie bei Dr. M. Hauhs und T. Bouman vom Institut für Bodenkunde und Waldernährung möchte ich mich für ihre Hilfsbereitschaft und kritischen Diskussionsbeiträge bedanken. Prof. Dr. B. Ulrich gilt mein Dank für die Übernahme des Korreferats.

Weiterhin danke ich Dr. J. Saborowski vom Institut für Forstbiometrie und Informatik der Universität Göttingen für die Beratung in statistischen Fragen. Dr. U. Siewers von der Bundesanstalt für Geowissenschaften und Rohstoffe, Hannover, half mir bei der kartographischen Aufbereitung der Waldschadensdaten, wofür ich mich herzlich bedanke. Die Abbildungen wurden vom Kartographen des Geographischen Instituts, Herrn E. Höfer, und seinen Mitarbeitern in druckfertige Vorlagen umgesetzt. Ihnen sei hierfür herzlich gedankt.

Den Herausgebern der Göttinger Geographsichen Abhandlungen danke ich für die Aufnahme der Arbeit in diese Reihe.

Die Arbeit wurde durch ein Promotionsstipendium nach dem Niedersächsischen Graduiertenförderungsgesetz unterstützt.

I. EINFÜHRUNG

1. Einleitung und Zielsetzung

Die Emission säurebildender Luftverunreinigungen führte seit Beginn der industriellen Revolution im 19. Jahrhundert zu akuten Vegetationsschäden und chronischen Veränderungen des Bodens in hochindustrialisierten Gebieten oder im unmittelbaren Einflußbereich lokaler Emittenten (STÖCKARDT 1872; WIELER 1897). Die vorherrschende Windrichtung und die Windstärke bestimmten den Ort und das räumliche Ausmaß der Schädigung. Im Harz verursachte die Verhüttung silberhaltiger Erze Vergilbungen von Nadeln, Wipfeldürre und Absterbeerscheinungen in der Krone sowie eine hochgradige Bodenverarmung durch gesteigerte Säurezufuhr in der Nähe der Quellen (RETTSTADT 1845; von SCHROEDER & REUSS 1883).

Verglichen mit dem heutigen Waldzustand waren diese als „Rauchschäden" beschriebenen Krankheiten lokal begrenzt. Dies gilt eingeschränkt auch für die Anfang dieses Jahrhunderts auftretenden Schädigungen von Tannen in Süddeutschland und Teilen Südosteuropas (NEGER 1908). Die aktuelle großräumige Schädigung des Waldes und verschiedener Baumarten in ganz Europa und den USA führte zu dem Begriff „neuartige Waldschäden".

Zu den Symptomen der „neuartigen Waldschäden" zählen zahlreiche Krankheitsbilder, die in der Forstpathologie seit langem bekannt sind. Hierzu gehören der Verlust älterer Nadeln, Wuchsanomalien oder Zuwachsdepressionen (COWLING 1986; KANDLER 1985; PITELKA & RAYNAL 1989). Ein neuartiges Schadbild ist die seit Anfang der 80er Jahre flächenhaft auftretende Vergilbung älterer Nadeln in mittleren und hohen Lagen der Mittelgebirge (FORSCHUNGSBEIRAT WALDSCHÄDEN/LUFTVERUNREINIGUNGEN (FBW) 1986). Aber nicht nur die an der Pflanze sichtbaren Symptome, sondern auch die durch die langfristige Akkumulation von Luftschadstoffen sich ergebenden Veränderungen des bodenchemischen (ULRICH et al. 1979) und gewässerchemischen Zustands (REUSS & JOHNSON 1986) sind Merkmale, die im Zusammenhang mit den „neuartigen Waldschäden" diskutiert werden. Die zahlreichen Veränderungen deuten zusammengenommen auf die Erkrankung des gesamten Ökosystems Wald und der in ihm lebenden Organismen hin. „Neuartige Waldschäden" sind damit im Sinne der Forstpathologie als Komplexkrankheit definiert (MANION 1981; SCHÜTT et al. 1983). Die Verbreitung von Schäden komplexer Ursachen ist durch lokale und regionale Schadensmuster charakterisiert (MANION 1981). Untersuchungen zur Verbreitung von Schäden komplexer Ursachen müssen daher zwischen der großräumigen und kleinräumigen Variabilität unterscheiden (PRINZ 1987).

Den komplexen Einwirkungen stehen begrenzte Möglichkeiten der Bäume gegenüber, auf diese Einflüsse zu reagieren. Die Kenntnis der Krankheitssymptome führt daher nicht zwingend zur Feststellung ihrer Ursachen. Sie sind, besonders in den Spätphasen der Erkrankung, häufig unspezifisch. Die Diagnose von Krankheiten komplexer Ursachen stützt sich daher neben einer detaillierten Symptombeschreibung auf Blatt- und Bodenanalysen, Zuwachsmessungen, die Identifizierung möglicher Schaderreger und auf die Beschreibung der zeitlichen und räumlichen Verteilung von Schadensmerkmalen (HARTMANN et al. 1988).

Die wesentliche Grundlage des derzeitigen Kenntnisstandes über die Verbreitung „neuartiger Waldschäden" in Mitteleuropa sind terrestrische Waldschadenserhebungen. Die Schadenserfassung erfolgt in der Bundesrepublik durch die Ermittlung des Nadel- bzw. Blattverlustes und von Verfärbungen. Diese Merkmale werden einzelbaumweise jeweils für ein Baumkollektiv an Stichprobenpunkten eines 4×4 km Rasters ermittelt (STRELETZKI 1984). Das Datenmaterial erlaubt Aussagen zur großräumigen Waldschadenssituation und zur Schädigung des Waldes in Wuchsgebieten als kleinste räumliche Einheit.

Ein Nachteil der terrestrischen Waldschadensinventur ist ihre geringe räumliche Auflösung. Aussagen zur Variabilität der Schäden im regionalen Maßstab oder die Aufdeckung kleinräumiger Schadensmuster sind mit diesem Inventurverfahren nicht möglich. Zudem werden die verschiedenen Schadbilder in einer Schadstufe zusammengefaßt, wodurch die an sich schon eingeschänkte Information der Schadbilder für die Diagnose verloren geht (vgl. KANDLER 1985).

Als zweites Verfahren zur Waldschadensinventur wird derzeit die Eignung von Flugzeugscanner- und Satellitenbilddaten erforscht. Hierbei sind aber noch Schwierigkeiten bei der Entwicklung geeigneter Klassifizierungsalgorithmen unterschiedlich geschädigter Bäume oder Baumgruppen besonders im stark reliefierten Gelände der deutschen Mittelgebirge und Alpen zu bewältigen (HILDEBRANDT et al. 1987, KENNEWEG et al. 1989). Zudem ist eine nach Schadbildern getrennte Auswertung dieser Daten bisher nicht möglich (FÖRSTER 1988).

Ein drittes Verfahren zur Untersuchung von Schadensverteilungen sind Color-Infrarot- (CIR)-Luftbildaufnahmen. Die Erhebung auf Luftbildbasis ist derzeit das einzige Instrument, das eine getrennte Auswertung der Hauptschadensmerkmale Nadelvergilbung und Kronenverlichtung durch Nadelverluste erlaubt, eine Identifizierung lokaler Schadensmuster ermöglicht (vgl. HARTMANN et al. 1985) und eine ausreichend große Stichprobe zur Untersuchung regionaler Schadensverteilungen liefern kann. Hinzu kommen deutliche Vorteile bei der Erfassung der Nadelvergilbung, die, auf den Zweigoberseiten beginnend, vom Boden aus besonders in mittelalten dichten Beständen unterschätzt oder nicht erkannt wird.

In Niedersachsen werden Luftbildaufnahmen seit 1983 im Rahmen der Waldschadenserhebung durchgeführt (HARTMANN 1984). Der westliche Harz wurde als Schadensschwerpunkt Niedersachsens von Beginn an in die Befliegungen aufgenommen. Die für das Jahr 1985 erhobenen Schadensdaten standen dieser Untersuchung zur Verfügung.

Mit der vorliegenden Arbeit wird eine geographische Analyse der Schadensverteilung an der Baumart Fichte vorgelegt. Ein wesentliches Ziel ist die Aufdeckung lokaler und regionaler Schadensmuster. Die hohe Stichprobendichte des Inventurverfahrens 1985 ermöglichte die Erstellung flächenhafter Schadensverteilungskarten für das gesamte Untersuchungsgebiet im regionalen Maßstab und Untersuchungen zur standörtlichen Variabilität in Teilgebieten des Harzes. Über die Erhebung bodenchemischer Parameter an lokalen Schadensmustern erfolgt die Anbindung an prozessorientierte Fallstudien, wie sie z.B. aus dem Solling (MATZNER 1988), dem Fichtelgebirge (ZECH et al. 1985) oder dem Harz (HAUHS 1985, MATSCHULLAT 1989) vorliegen. Die Betrachtung der Schadensverteilung in verschiedenen Maßstäben versucht auf diese Weise den Vorstellungen der Forstpathologie zur räumlichen Variabilität zu entsprechen. Die bisherige Kenntnis der Schadbilder und deren Verbreitung und zeitliche Veränderung findet in einer schadbildspezifischen Datenauswertung Berücksichtigung.

2. Das Untersuchungsgebiet

2.1 Lage, Petrographie, Relief und Boden

Der Harz ist das am weitesten nach Norden vorgeschobene Mittelgebirge Mitteleuropas. In südöstlicher Richtung hat er eine Länge von knapp 90 km, seine größte Breite beträgt etwa 30 km. Mit Höhen bis zu 1100 m ü.NN hebt er sich deutlich von der umgebenden thüringischen und niedersächsischen Schichtkamm- und Schichtstufenlandschaft ab (Abb. 1).

Die Rumpfscholle des Harzes gehört zur rhenoherzynischen Zone der variskischen Geosynklinale, die vorwiegend aus silurischen, devonischen und karbonischen Sedimenten besteht (MOHR 1973). Die Faltung, die zum SW-NE-Streichen („erzgebirgisch") der Bauelemente führte, wurde in ihrer Anfangs- und Endphase durch einen kräftigen Vulkanismus

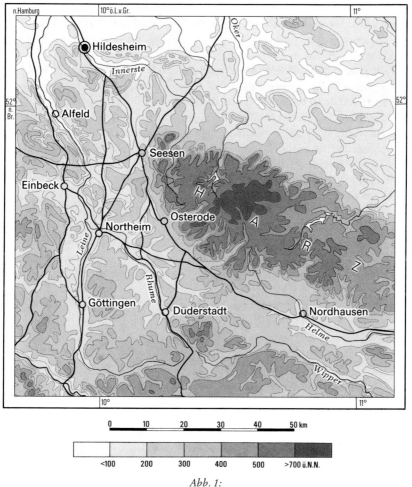

Abb. 1:
Übersichtskarte des Untersuchungsgebietes.

begleitet. Er führte zu Diabas- und Gabbrointrusionen und zum Aufdringen des Brockenplutons (MOHR 1973).

Die herzynische Kontur (NW-SE) erhielt das Mittelgebirge während der saxonischen Gebirgsbildung an der Wende Jura/Kreide. Die Heraushebung des Grundgebirges erfolgte im Süden als bruchlose Aufbiegung, im nördlichen Teil unter Bruchbildung entlang der Harznordrandstörung.

Die paläozoischen Gesteinseinheiten des Westharzes zeigt Abbildung 6 (rechte Seite). Sie verdeutlicht besonders im Südwesten das erzgebirgische Streichen der Gesteine.

Die morphologische Großform des Harzes wird von HÖVERMANN (1950) als Ergebnis von Flächenbildungen in den Phasen tektonischer Ruhe (Perm, Tertiär) und Stufenbildungen in den Hebungsperioden beschrieben. MÜCKE (1966) und KÄUBLER (1966) unterstreichen die Abhängigkeit des Stockwerkbaus von der petrographischen Zusammensetzung des Grundgesteins. MOHR (1973) faßt den Westharz in drei morphologischen Einheiten zusammmen:

1. **Die Hochfläche zwischen 500–600 m.** Sie hat ihre größte Ausdehnung um Clausthal-Zellerfeld. Im Norden schließt sich ein stark gegliedertes Areal oberdevonischer Tonschiefer an. Die aus quarzitischen Sandsteinen bestehenden Bergkuppen dieses Gebietes sind mit Höhen bis zu 720 m ü.NN deutlich höher als die südliche Hochfläche. Im Westen wird das Plateau durch die nach Norden entwässernde Innerste zerschnitten, nach Süden dacht es sich allmählich zur Sösemulde ab. Einen schwachen Höhenrücken zwischen der Sösemulde und dem Hochflächenniveau bildet der Oberharzer Diabaszug.

2. **Der Hochharz.** Das Gebiet der Hochfläche wird durch das Acker-Bruchberg- und Brokkenmassiv um bis zu 300 m überragt. Die markantesten Höhen sind neben dem aus Kammquarzit bestehenden Acker-Bruchberg-Rücken die mit besonders verwitterungsbeständigem Hornfels überzogenen Granitkuppen des Wurmbergs (972 m ü.NN) und des Achtermanns (926 m ü.NN). Die Kuppen sind flach geböscht, ihre Hänge sind durch zahlreiche Täler tief zerschnitten.

3. **Der Südwestharz.** Im Vergleich zur Clausthaler Hochfläche ist das Gebiet südöstlich des Acker-Bruchberg-Rückens durch Sieber, Lonau, Sperrlutter, Oder und Wieda stärker in tiefe, im Unterlauf oft breite Täler gegliedert. Über die Bergkuppen zwischen 500 m und 600 m ü.NN ragen vereinzelt Härtlinge aus Kieselschiefer oder Diabas (z.B Stöberhai 718 ü NN). Im Südwesten schließt sich das Rotliegendbecken von Ilfeld mit weiträumigen Einsenkungen und Tälern an, im Gegensatz zu den schroffen Gips- und Dolomitwänden des im Süden und Südwesten anschließenden Zechsteingürtels.

Als ein weiteres Kennzeichen der Reliefgliederung ist die dichte und tiefe Randzertalung besonders an der steilen Geländestufe des nördlichen und westlichen Gebirgsrandes anzuführen.

Basenarme Silikatverwitterungsböden dominieren auf fast 90% (59169 ha) der Fläche der Niedersächsischen Landesforstverwaltung im Westharz (KREMSER & OTTO 1973). In Fließerden oft durchmischt, bilden sie in Abhängigkeit von Relief und ihrer Genese Deckschichten unterschiedlicher Zahl und Mächtigkeit (SCHRÖDER & FIEDLER 1977).

Bodentypologisch überwiegen Braunerden, die durch Übernutzung und Säuredeposition stark versauert und an Nährstoffen verarmt sind (HAUHS et al. 1987). Besonders in Oberhang- und Kammlagen treten Podsolierungen auf; auf ärmsten Gesteinen haben sich Podsole gebildet. Typisch für die Hochlagen sind Vernässungen und Hochmoorbildungen. Die Humusform ist Moder bis Rohhumus.

2.2 Fichtenwälder des Westharzes

Das heutige Bild der Fichtenwälder des Harzes ist durch zahlreiche Einflußgrößen geprägt. Die Rolle der Bodenversauerung in diesem Faktorenkomplex wird im Diskussionskapitel besprochen. Als weitere Faktoren sind die bis in die Bronzezeit zurückreichenden Bergbauphasen, die damit verbundene Waldnutzung und die klimatische Ungunst des Harzes infolge seiner exponierten Lage in der norddeutschen Mittelgebirgslandschaft zu nennen. Die letztgenannten Faktoren werden in den folgenden Abschnitten kurz umrissen.

Der enorme Bedarf an Grubenholz und Holzkohle (HILLEBRECHT 1982) führte besonders in der Blütezeit des Bergbaus zwischen dem 15. und 19. Jahrhundert zu großflächigen Entwaldungen in der Umgebung der Bergbaustädte (SCHUBART 1978). Aus bodenchemischer Sicht führten die Entwaldungen wahrscheinlich immer wieder zu Phasen der Bodenversauerung durch den Abbau des Stickstoffvorrats (ULRICH 1980). Hinzu kamen Borkenkäfer-Kalamitäten und Orkan-Katastrophen. Im 17. Jahrhundert wurde daher mit der planmäßigen Aufforstung von Fichte begonnen, deren Verbreitung bis zu dieser Zeit auf die Kuppen- und Hochplateaulagen des Nordwestharzes beschränkt war (SCHUBART 1978). Der Südharz war bis in die Mitte des 18. Jahrhunderts auch in den höchsten Lagen über 700 m fichtenfrei.

Die Fichte nimmt heute etwa 3/4 der Holzbodenfläche des Niedersächsischen Harzes ein mit Schwerpunkt in den Plateau- und zentralen Hochlagen des Nordwestharzes. Der Verbreitungsschwerpunkt der Buche liegt im Südwestharz in Höhen bis über 600 m ü.NN. Kleinere Vorkommen dieser Baumart befinden sich entlang des nordwestlichen und nordöstlichen Gebirgsrandes.

Die ungünstigen winterlichen Klimaverhältnisse (Wechsel festländischer Kaltluft und milder Meeresluft) mit häufigem Nebel, Frostwechsel und starken Schneefällen führen in Fichtenbeständen exponierter Lagen der westlichen Harzrandhöhen, am Acker-Bruchberg-Rücken und seinen benachbarten Erhebungen sowie in den höchsten Lagen des Südharzes zu erheblichen Eisbruchschäden (BORCHERS 1964). Auf den Hochflächen und in Tal- und Muldenlagen treten besonders in dicht stockenden Jung- und Stangenholzbeständen Schneebrüche auf, die z.T. ganze Bestandesteile erfassen (BORCHERS 1964).

II. SCHADBILDER AN DER FICHTE

Die in dieser Arbeit untersuchten räumlichen Muster der Waldschäden beschränken sich auf die an der Fichte im Harz vorherrschenden Schadbilder der Nadelvergilbung und der Kronenverlichtung durch Verlust von Nadelmasse. Die in Süddeutschland erstmals im Spätherbst 1982 an der Fichte beobachteten Rotbraunfärbungen älterer Nadeln (Nadelröte), die häufig bereits nach kurzer Zeit zum Abfall der betroffenen Nadeln führten (REHFUESS 1983; ZÖTTL & HÜTTL 1985), traten im Harz bisher nur lokal in Muldenlagen des zentralen Hochlandes und in südwestlichen Harzrandtälern auf (HARTMANN, mdl. Mittl.). Dieses Schadbild wird im Folgenden nicht behandelt.

Die Schadbilder der Nadelvergilbung und Kronenverlichtung lassen sich den vom Forschungsbeirat Waldschäden/Luftverunreinigungen (1986) definierten Schadtypen „Nadelvergilbung in den höheren Lagen der deutschen Mittelgebirge" und „Kronenverlichtung in mittleren Höhenlagen der Mittelgebirge" zuordnen. Abgesehen von der unterschiedlichen Symptomatik unterscheiden sich die beiden Schadbilder in ihrer Verbreitung und im Krankheitsverlauf (FBW 1986). Ein weiteres Unterscheidungsmerkmal ist das typische Erkrankungsalter der Bäume. Dies deutet auf mindestens zwei verschiedene Krankheiten hin und nicht nur auf unterschiedliche Stadien der gleichen Krankheit (KANDLER 1985).

1. Kronenverlichtung durch Nadelverluste

Die Kronenverlichtung durch Nadelverluste ist das Hauptmerkmal bei den alljährlichen Waldschadensinventuren. Die Abschätzung des Verlustes an Nadelmasse setzt die Kenntnis der am Standort optimalen Benadelung voraus. Für die Fichte ist dies aufgrund der hohen Variabilität der Kronen- und Verzweigungsformen und der Benadelung mit Schwierigkeiten verbunden (vgl. SCHMIDT-VOGT 1977). Einige besonders durch das Regionalklima und durch die Standorteigenschaften beeinflußte Merkmale der Verzweigung und Benadelung sind in Tabelle 1 zusammengestellt.

1.1 Zur Physiologie des Nadelfalls

Der Nadelfall vollzieht sich an der Trennungszone, die, im Übergangsbereich zwischen Nadelkissen und Nadelbasis placiert, schon bei Nadeln im Alter von 5–6 Wochen angelegt ist. Die Trennungszone besteht aus einer Kollenchym-, einer Sklerenchym- und einer Kutinschicht. Bei Wasserstreß zieht sich die hyaline Schicht des Kollenchymgewebes zusammen, während die stark verholzten Sklerenchymzellen sich nicht verändern. Die bei diesem Prozeß unter Zugspannung stehenden dünnen Primärwande der Kollenchymzellen und die Kutikula zerreißen. Geringe mechanische Einwirkungen reichen anschließend aus, um die Nadel völlig abzulösen (GRUBER 1987).

Dieser über den Trennzonenmechanismus laufende Nadelfall wird von GRUBER als apparativ bezeichnet. Er tritt immer dann ein, wenn die Wasserversorgung zwischen Nadel und Triebachse gestört ist. Ursachen solcher Versorgungsschwächen können irreparable Strukturschäden an der Nadeloberfläche (Kutikula- oder Stomatadefekte), Wassermangel im System (Feinwurzelschäden, Bodentrockenheit) oder eine Blockade im Transportsystem sein.

Streuuntersuchungen von GRUBER (1987) im Hils ergaben, daß der größte Teil der Nadeln (> 90%) über den Trennzonenmechanismus abgeworfen wird. Der Abwurf über Zweigverlust oder Abriß grüner, lebender Nadeln (nichtapparativ) war im Untersuchungszeitraum gering, kann aber bei starker mechanischer Belastung bedeutsam werden. Entnadelungsmaxima liegen im Frühjahr und Herbst (DIETRICH 1963; GRUBER 1987; REEMTSMA 1964).

1.2 Zur Symptomatik

Der großen Variationsbreite von Verzweigungs- und Benadelungsformen der Fichte entspricht eine Vielzahl möglicher Verlichtungswege. Systematisierungsversuche der vielfältigen Ausprägungen von Kronenverlichtungen wurden z.B. von POLLANSCHÜTZ et al. (1985),

Tabelle 1:
Variabilität morphologischer Merkmale der Fichtenkrone.

Kronenmorphologische Anpassungen	Literatur
Verzweigung	
Abnahme von Kammfichten und Zunahme von Platten- und Bürstenfichten mit steigender Höhe über dem Meer und zunehmender geogr. Breite.	HOLZER (1967) PRIEHÄUSER (1958) SCHMIDT-VOGT (1977)
Anpassungen durch proventive Reiteration: – Zunahme proventiv gebildeter Zweige mit zunehmendem Alter; – Zunahme proventiv gebildeter Zweige mit steigender Windbelastung.	GRUBER (1987)
Benadelung	
Zunahme der Anzahl der Nadeljahrgänge in nass-kalten Jahren und Abnahme in warm-trockenen Jahren.	MÜNCH (1928) ZEDERBAUER (1916) BURGER (1927) WACHTER (1985)
Tendenzielle Abnahme der Nadeljahrgänge auf Ost- und Südhängen gegenüber gleichen Höhenlagen anderer Expositionen.	BURGER (1927) WACHTER (1985)
Verringerung der Nadeljahrgänge an windexponierten Standorten.	GRUBER (1987)
Abnahme der Benadelungsdichte vom jüngsten zum ältesten Nadeljahrgang.	WACHTER (1985)

SCHRÖTER & ALDINGER (1985), von NEUMANN & POLLANSCHÜTZ (1988) und für Schweden von LESINSKI & WESTMAN (1987) vorgelegt. Als wichtigstes Beurteilungskriterium verwenden alle Klassifikationen den „Nadelverlust innerhalb der Krone". Die verschiedenen Verzweigungstypen werden berücksichtigt. LESINSKI & WESTMAN nehmen als zusätzliche Merkmale die „Natur des Schadens" und den „Entwicklungsstand" auf, NEUMANN & POLLANSCHÜTZ berücksichtigen die hypsometrische Zunahme der Nadeljahrgänge.

In der BRD wird der von SCHRÖTER & ALDINGER (1985) beschriebene Ansatz am häufigsten verwendet. Sie unterscheiden anhand der Merkmale „Nadelverlust innerhalb der Krone" und „Kronenverzweigung" zwischen „Lärchentyp", „Fenstertyp" und „Wipfeltyp". Der „Lärchentyp" ist charakterisiert durch eine gleichmäßige Verlichtung der gesamten Krone, der Wipfel erscheint weitgehend gesund. Der Entnadelungsprozeß beginnt an den

Abb. 2:
Schadbilder an Fichten im Color-Infrarot-Luftbild; die durch Ziffern gekennzeichneten Fichten zeigen
die in Tabelle 4 aufgeführten Schadstufen; Luftbildaufnahme Sommer 1984
(Maßstab 1:4000); Luftbildfreigabe: Reg.Präs. Münster, Nr. 7132/84; terrestrische Aufnahmen
von Dr. G. Hartmann (Niedersächsische Forstliche Versuchsanstalt), August 1986.

älteren Nadeln, was zu einer Verlichtung von innen nach außen und von unten nach oben führt. Bei Kammfichten, deren Seitenzweige zweiter Ordnung schlaff herabhängen, führt diese Form der Verlichtung zu häufig grau erscheinenden Seitenzweigen zweiter Ordnung („Lametta-Syndrom") (MAGEL & ZIEGLER 1987). Die beiden anderen Entnadelungstypen fallen durch deutlich erkennbare Verlichtungsschwerpunkte innerhalb der Krone auf. Bei dem „Fenstertyp" liegt dieser unter dem noch voll benadelten Wipfel im Bereich des 5.–15. Quirls. Im unteren Kronendrittel ist die Benadelung stets dichter. Der „Wipfeltyp" dagegen ist charakterisiert durch eine Entnadelung der gesamten Lichtkrone, die bei Schadensfortschritt häufig zur Wipfeldürre führt.

Abbildung 2c zeigt ein weit fortgeschrittenes Stadium der Verlichtung. Bei dieser Fichte ist die Krone vollständig durchsichtig. Zahlreiche kahle und tote Zweige und Zweige mit geringen Benadelungsresten sind erkennbar. Im Color-Infrarot-Luftbild sind derart entnadelte Fichten (Abb. 2d), abweichend vom kräftigen Rotbraun (Abb. 2b) und der vollen Benadelung gering geschädigter Bäume (Abb. 2a) durch grüne Farbsignale zu erkennen. Ein weiteres, luftbildsichtbares Kennzeichen starker Verlichtung ist die Auflösung der sternförmigen, gleichmäßigen Aststruktur in eine diffus zerzauste Aststruktur. Mit Hilfe dieser und weiterer Merkmale ist es selbst bei schlechter Farbqualität der Luftbilder möglich, die verschiedenen Stadien der Entnadelung zu erkennen und abzuschätzen (vgl. HARTMANN und UEBEL 1986).

Vergleichende Wurzeluntersuchungen an Fichten unterschiedlicher Entnadelung ergeben übereinstimmend eine erhöhte Absterberate von Feinwurzeln, eine geringere Verzweigungsintensität und einen verminderten Mykorrhizabesatz an Bäumen höherer Schadstufe (BLASCHKE et al. 1985; LISS et al. 1984; MEYER 1987; STIENEN et al. 1984; ULRICH et al. 1984;). ULRICH et al. (1984) zeigten, daß die Gesamtfeinwurzelmasse bis zu Nadelverlusten von 25% (Schadstufe 2) sich gegenüber gesunden oder weniger geschädigten Bäumen nicht verändert. Erst bei stärkerer Entnadelung (Schadstufe 3) reagiert der Baum mit einer deutlichen Reduktion der Feinwurzelbildung, was die Autoren auf eine unzureichende Assimilatversorgung zurückführen. MARSCHNER (1987) beobachtete mit zunehmender Entnadelung eine Verlagerung des Wurzelsystems in den Oberboden und eine Hemmung des Wurzelwachstums.

Ein weiteres Symptom dieses Schadbildes ist der bei stark verlichteten Bäumen (Schadstufe 3) häufig beobachtete Rückgang des Zuwachses (EICHKORN 1986; KENK et al. 1985, zit. beim FBW 1986). Geringe Nadelverluste weisen in den meisten Untersuchungen nur bei sehr großer Stichprobenzahl Zusammenhänge mit dem Zuwachsverhalten der Bäume auf (SCHWEINGRUBER 1987). Ähnlich wie die Jahrringchronologien von jeweils 32 Probebäumen aus dem Harz (KÖHLER & STRATMANN 1986) zeigen auch Zuwachsuntersuchungen aus anderen Gebieten wie z.B. dem Fichtelgebirge (GREVE et al. 1986), dem Schwarzwald (EICHKORN 1986; SPIEKER 1987), dem Raum Hamburg (ECKSTEIN & BAUCH 1987) und den Bayerischen Alpen (RÖHLE 1987) deutliche Wachstumsrückgänge in Trockenjahren, die häufig in den darauffolgenden Jahren wieder ausgeglichen werden.

Auffällig für die Beispiele des Harzes ist der abnehmende Trend des Durchmesserzuwachses für die Bäume aller Schadstufen vom Acker-Bruchberg-Rücken seit dem Trockenjahr 1976. Dagegen zeigen sämtliche Probebäume aus der Unterhanglage nach der Wuchsdepression 1976 einen deutlichen Kurvenanstieg. Diese Beobachtung weist auf die Bedeutung von Standortsunterschieden für das Wachstumsverhalten hin, die zu räumlichen Zuwachsmustern führen können (vgl. auch GREVE et al. 1986; SCHWEINGRUBER 1987).

DONG & KRAMER (1987) weisen auf die Schwierigkeit der Beurteilung von Zuwachsgängen hin. Ein Problem ist danach die Auswahl einer geeigneten Bezugsgröße, um Zuwachsveränderungen festzustellen. Die Autoren verwendeten für ihre Untersuchungen an Fichten aus verschiedenen Wuchsgebieten Niedersachsens den laufenden Volumenzuwachs des letzten Jahres und setzten diesen in Beziehung zum aktuellen Schädigungsgrad des Baumes. Dabei stellten sie fest, daß der relative Volumenzuwachs eng mit dem prozentualen Nadelverlust korreliert.

2. Nadelvergilbung

Die hellgelbe bis goldgelbe Verfärbung beginnt an den Nadelspitzen und schreitet zur Nadelbasis fort, meist mit einem scharfen Übergang zwischen gelben und grünen Nadelteilen. Im Anfangsstadium dieser Erkrankung sind zunächst die älteren Nadeljahrgänge der Kronenbasis betroffen. Von hier aus breitet sich die Vergilbung zu den jüngeren Nadeljahrgängen und zur Kronenspitze aus, so daß häufig nur noch der jüngste Nadeljahrgang und der Wipfel grün sind (vgl. Abb. 2e). In der Regel sind die Nadeln der direkt besonnten Zweig- und Astoberseiten vergilbt, während die Benadelung der Zweiguntersteiten oder beschatteter Astabschnitte länger grün bleiben (HARTMANN et al. 1985, 1988; KANDLER et al. 1987). Die entscheidende Farbdifferenzierung der Nadeln beginnt nach Untersuchungen von MIES & ZÖTTL (1985) mit dem Knospenaustrieb.

Die Nadelvergilbung fällt im Luftbild durch eine rot-weißliche Fleckung einzelner Astabschnitte oder Kronenteile auf. Bei starker Vergilbung kann die gesamte Krone mit Ausnahme des Wipfels betroffen sein (Abb. 2f).

Eine Fülle von Nährstoffanalysen aus den Schadensschwerpunkten der Bundesrepublik Deutschland belegen eindeutig einen Magnesium-Mangel der vergilbten Nadeln (BOSCH et al. 1983; MIES & ZÖTTL 1985; REEMTSMA 1986; SCHULZE et al. 1987; ZECH & POPP 1983). Die Abnahme des Mg-Gehalts von den jüngeren zu den älteren Nadeljahrgängen läßt sich nach BAULE & FRICKER (1967) auf den Abbau und die Mobilisierung dieses Elements in den älteren Nadeln und den anschließenden Abtransport in den jüngsten Nadeljahrgang zurückführen, wenn die Versorgung über die Wurzeln unzureichend ist. Der leichte Anstieg des Magnesiumgehalts in den ältesten Nadeljahrgängen wird auf Akkumulationseffekte zurückgeführt (FBW 1986). Der mittlere Kronenteil im Bereich des 5.–12. Quirls bildet häufig den Vergilbungsschwerpunkt. Dieses Bild korreliert mit Nadelanalysen von KRAUSE (1986, zit. beim FBW 1986), der in diesem Kronenabschnitt die geringsten Magnesiumgehalte feststellte. Das spezifische Vergilbungsmuster bei Magnesiummangel an der Nadel und innerhalb der Baumkrone ist ein wichtiges Merkmal zur Abgrenzung gegenüber anderen Vergilbungssymptomen (Tab. 2).

Wurzeluntersuchungen unterschiedlich geschädigter Fichtenstangenhölzer im Fichtelgebirge zeigen mit zunehmender Schädigung eine Verlagerung der Feinwurzelbiomasse in den Auflagehumus (SCHNEIDER & ZECH 1987; SCHULZE et al. 1987). Ähnlich sind die Befunde von HAUHS (1985) in der Langen Bramke (Harz) zu interpretieren, der eine höhere Feinwurzelmenge im Auflagehumus des stärker belasteten und durch Verlichtungssymptome geschädigten nordexponierten Hanges fand, während der durch starke Nadelvergilbung betroffene südexponierte Bestand seinen Durchwurzelungsschwerpunkt im Mineralboden hat. Der relative Anteil toter Feinwurzeln betrug auf beiden Hängen im Mineralboden zwischen 35 und 40 %. Die Ergebnisse aus dem Fichtelgebirge zeigen im Auflagehumus eine

Tabelle 2:
Vergilbungssymptome an Fichtennadeln in Abhängigkeit vom Standort.

Standort	Symptome	Ursache	Literatur
Basenarme Silikatstandorte	hellgelbe bis goldgelbe Färbung älterer Nadeln direkt besonnter Zweigoberseiten; Unterseite grün; an Nadelspitze beginnend mit scharfem Übergang zum günen Basalteil	Mg-Mangel	BOSCH et al. 1983 MIES & ZÖTTL 1985 ZECH & POPP 1983
Basenarme Silikatstandorte	Vergilbung aller Nadeljahrgänge; Nadeln häufig kleiner und spärlicher; Triebstauchungen; gehemmtes Höhenwachstum	N-Mangel	BERGMANN 1988 HARTMANN et al. 1988
Karbonatstandorte	blaßgelbe bis violettbraune Verfärbung vorwiegend älterer Nadeln ohne scharfen Übergang zum grünen Basalteil; vorzeitiger Nadelfall nach Rötung von innen nach außen	K-Mangel	BERGMANN 1988 BAULE & FRICKER 1967 HARTMANN et al. 1988 KANDLER et al. 1987 ZÖTTL & HÜTTL 1985
Karbonatstandorte	hellgelbe Vergilbung der jüngsten Nadeljahrgänge (Kalkchlorose)	Mn/Fe-Mangel	BERGMANN 1988 HARTMANN et al. 1988

deutliche positive Korrelation zwischen der Feinwurzelbiomasse und dem Mg-Gehalt der Feinwurzeln. Der Mg-Gehalt der Nadeln nimmt ebenfalls mit steigender Feinwurzelbiomasse zu. ZÖTTL & HÜTTL (1986) dagegen fanden in Fichtenjungbeständen im Schwarzwald keine Unterschiede im Wurzelwachstum, Mykorrhizierungsgrad und in der Mg-Versorgung der Feinwurzeln von unterschiedlich stark vergilbten Beständen.

3. Zur Verbreitung und Dynamik der Schadbilder

Die verschiedenen Varianten der Kronenverlichtung sind in ganz Europa, Skandinavien und den USA in Mittel- und Hochgebirgslagen in unterschiedlicher Intensität und an verschiedenen Baumarten verbreitet (BML 1988; BUCHER 1987; GODZIK 1984; LINZON 1985). Die meisten der Inventurergebnisse belegen für die Fichte eine deutliche Zunahme dieses Schadbildes mit dem Alter (z.B. BML 1987; TVEITE 1987; INNES & BOSWELL 1987) und mit der HÖHE (FBW 1986; LINZON 1985). MÖSSMER (1986), SCHÖPFER &

HRADETZKY (1984) und SEGER (1987) fanden die stärksten Kronenverlichtungen in Beständen windexponierter Oberhang- und Kammlagen. Untersuchungen zur kleinstandörtlichen Schadensverbreitung von SCHMIDT & HARTMANN (1983) ergaben einen deutlichen Schadensanstieg auf durchlässigen Niederterrassenschottern. Der FORSCHUNGSBEIRAT WALDSCHÄDEN (1986) beschreibt ein verstärktes Auftreten auf basenarmen Standorten (vgl. auch FRÄNZLE et al. 1985).

Die Kronenverlichtungen durch Nadelverluste stiegen im Harz bis 1985 deutlich an, haben sich seither aber nicht weiter ausgeweitet (HARTMANN et al. 1986), zeigen z.T. sogar leichte Erholungstendenzen. Ein Zeichen dieses leichten Rückgangs ist das vermehrte Auftreten von Ersatztrieben, die sich allmählich über die entnadelten Zweige schieben und zu einer besseren Gesamtbenadelung führen.

Die mit Mg-Mangel einhergehenden Vergilbungen konzentrieren sich auf basenarme Standorte der Mittelgebirge (FBW 1986). In Süd- und Südwestdeutschland sind vor allem Bestände in den Bayerischen Alpen und im Schwarzwald betroffen, im Südosten der Bundesrepublik liegen die Verbreitungsschwerpunkte dieses Schadbildes im Frankenwald und Fichtelgebirge, im Oberpfälzer Wald und im Bayerischen Wald (FBW 1986). Eindeutiger Schadensschwerpunkt der nach Norden anschließenden Mittelgebirgs- und Berglandschaft ist der Niedersächsische Harz.

Aus anderen Teilen Europas und aus den USA liegen nur vereinzelt Angaben zur Verbreitung der Nadelvergilbung vor. So berichten COWLING (1986) und LINZON (1985) über dieses Symptom an Rotfichte *(Picea rubens)* in den Südappalachen mit Schwerpunkt an westexponierten Hängen.

Auswertungen von Inventurdaten und Detailuntersuchungen geben Hinweise auf den Zusammenhang zwischen Vergilbung und Standorts- und Bestandesmerkmalen. In allen Mittelgebirgen ist eine deutliche Höhenabhängigkeit der Vergilbung zu erkennen (FBW 1986; HARTMANN et al. 1985). Stark geschädigte Bestände stocken häufig auf Podsolbraunerden oder Podsolen über basenarmen Grundgesteinen (BOSCH et al. 1983; NEBE & ROSSBACH 1990; SCHULZE et al. 1987; ZECH & POPP 1983).

Im Harz wurden Vergilbungen im größeren Ausmaß erstmals 1983 beobachtet (HARTMANN et al. 1985; HAUHS 1985). Der Vergleich von Inventurergebnissen durch CIR-Luftbildauswertung zeigt zwischen 1983 und 1985 eine allmähliche, aber kontinuierliche Zunahme des Schadbildes (HARTMANN et al. 1986). Seither hat sich die Ausbreitung verlangsamt, was z.B. an der Zunahme grüner junger Nadeln zu beobachten ist.

III. REGIONALE VERBREITUNGSMUSTER DER NADELVERGILBUNG UND KRONENVERLICHTUNG

1. Zur Beschreibung von Verbreitungsmustern

In der theoretischen geographischen Literatur zur Beschreibung räumlicher Verteilungen werden mathematische Ansätze aufgezeigt, die sich vor allem auf Punktverteilungen im zweidimensionalen Raum konzentrieren (COLE & KING 1968; DACEY 1973). Als gebräuchlichstes Verfahren erlaubt z.B. die Nearest-Neighbour Methode die Unterscheidung zwischen gleichmäßiger Streuung, zufälliger Verteilung und geklumpter Verteilung. Die Fülle empirisch feststellbarer Muster besonders in komplexen Systemen läßt sich auf diesem Wege aber nur in sehr eingeschränktem Maße beschreiben. Das gleiche gilt für die mathematische Charakterisierung der Form bzw. der räumlichen Gestalt von Arealen (HUDSON & FOWLER 1972).

WIRTH (1979) hält aus diesen Gründen „flächenhaft-zweidimensionale Darstellungen in anschaulichen räumlichen Modellen" für geeignet, Muster komplexer Struktur zu beschreiben (vgl. auch HUDSON & FOWLER 1972). In der Darstellungsweise unterscheidet WIRTH (1979) zwischen Verteilungen von Punkten (pattern), die selbst ohne eigene Ausdehnung durch die Distanzen untereinander beschrieben werden können und Mustern, die sich durch ihre räumliche Gestalt (shape) charakterisieren lassen.

Der letztgenannte Ansatz wird im folgenden Kapitel zur Beschreibung der regionalen Verteilung der beiden Schadbilder Nadelvergilbung und Kronenverlichtung aufgegriffen.

2. Color-Infrarot(CIR)-Luftbilder als Datenbasis

Großräumige Waldschadensinventuren durch Geländeerhebung oder mit Hilfe von CIR-Luftbildaufnahmen werden in der Bundesrepublik Deutschland in systematischen, dreistufigen Stichprobenverfahren durchgeführt, die sich nur auf der dritten Stufe unterscheiden (SABOROWSKI 1987).

Die Grundlage vorliegender Untersuchung bilden CIR-Luftbilder des Jahres 1985. Ihre Aufnahme erfolgte in nord-südlichen, durchschnittlich 1,3 km breiten Bildstreifen entlang von Gauß-Krüger-Gitterlinien im Abstand von 2 km. Der Meßflug erfaßte bei einem Maß-

Tabelle 3:
Technische Daten der Befliegung des Westharzes zur Waldschadenserfassung durch Color-Infrarot-Farbluftbild 1985.

Anordnung der Flugstreifen:	nach Gitter-Nord
Anzahl der Flugstreifen:	19
Gesamtlänge der Flugstreifen:	402 km
Anzahl der Luftbilder:	926
Längsüberdeckung:	etwa 60%
Streifenbreite:	1.38 km
Streifenabstand:	2 km
Maßstab:	1:6000 bei 450 m ü. NN
Kamera:	RMK Wild 60/32
	30 cm Brennweite
Film:	Infrarotfarbfilm Kodak
	Aerochrom IR 2443
Filter:	keine
Emulsion:	302
Flugtage:	29.8 und 19.9.1985

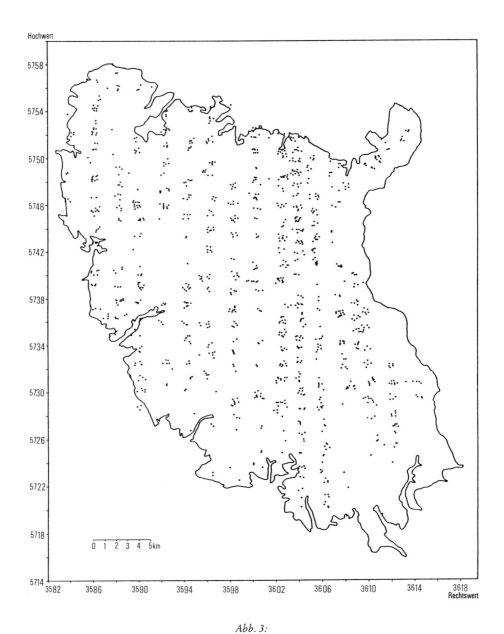

Abb. 3:
Verteilung der Stichprobenpunkte (Bestände) der Waldschadensinventur des Westharzes auf der Grundlage von Color-Infrarot(CIR)-Luftbildern von 1985.
(Rechts- und Hochwerte: Gauß-Krüger-Koordinaten).

Tabelle 4:
Schadstufenklassifikation für Fichte.
(aus HARTMANN et al. 1986).

Schad-stufe	vom Boden aus sichtbare Merkmale
0	ohne sichtbare Schadensmerkmale;
1	mit schwachen Schadensmerkmalen in Form beginnender Nadelverluste bis etwa 25%, leichter Vergilbung der Spitzen älterer Nadeln oder leichter gelbgrüner Verfärbung des jüngsten Nadeljahrganges;
2	mit mittelstarken Schadensmerkmalen, überwiegend in Form
2.1	– fortgeschrittener Nadelverluste bis etwa 60%, die zu verschiedenen, im Luftbild unterscheidbaren Typen der Kronenverlichtung führen,
2.2	– fortgeschrittener Vergilbung mehrjähriger Nadeln in Teilen der Krone,
2.3	– fortgeschrittener Vergilbung mehrjähriger Nadeln in der ganzen luftbild-sichtbaren Krone, meist mit Ausnahme der Kronenspitze;
3	mit starken Schadensmerkmalen in Form von Nadelverlusten über 60% und teilweise gelb oder braun verfärbter Restbenadelung;
4	absterbend mit geringen, meist verfärbten Benadelungsresten oder tot.

stab von 1:6000 etwa 64% der Waldfläche des Harzes. Weitere Daten zum Bildflug sind in Tabelle 3 zusammengefaßt.

Die 19 beflogenen Flugstreifen stellen die erste Stufe der Stichprobenerhebung dar. Während der Auswertungsphase wird aus diesem Material in jedem dritten Bild dessen mittlerer, etwa 40% der Bildfläche umfassender Teil zur Schadenserhebung ausgewählt (2. Stufe). Die Festlegung der zu bonitierenden Bäume (3. Stufe) erfolgt mit Quadratrasterfolien, deren Punkte in Anpassung an die Meereshöhe zwischen 16 und 24 Punkte/ha zur Auswertung bestimmen. In Niedersachsen wird zusätzlich nach Beständen gruppiert, so daß als Interpretationsergebnis Häufigkeitsverteilungen der Schadstufen 0-4 (Tab. 4) für die Befundeinheit Bestand vorliegen. Zur Auswertung wurden nur die Bestände ausgewählt, die eine Mindestgröße von 1 ha haben, deren Zielbaumart 20 Jahre oder älter ist und mit mehr als 50% vertreten ist (UEBEL 1986). Aus dem Bildmaterial 1985 wurden 1174 Bestände mit mehr als 60000 Bäumen ausgewählt und von vier Luftbildinterpreten bewertet (vgl. Abb. 3).

3. Datenauswertung

3.1 Beschreibung der Schäden im Bestand

Die Beschreibung der Schäden im Untersuchungsgebiet innerhalb eines Bestandes orientierte sich an dem grundsätzlichen Ziel einer symptomspezifischen Datenauswertung. Zur Erhebung der Vergilbung innerhalb der Befundeinheit Bestand wurde der Prozentanteil mittelstark und stark vergilbter Fichten (Schadstufe 2.2 und 2.3) an der Gesamtzahl lebender

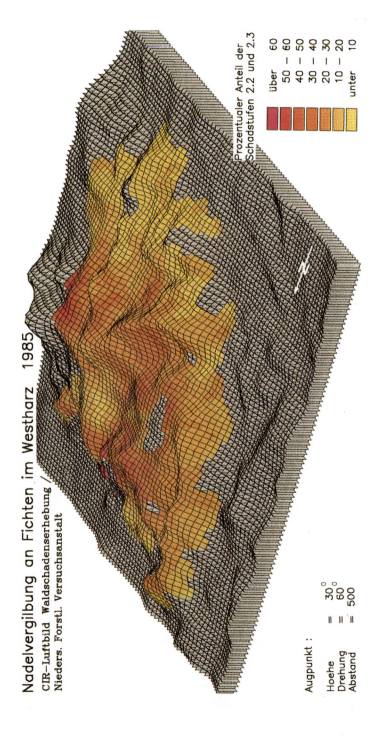

Abb. 4:
Regionale Verteilung der Nadelvergilbung in Beziehung zum Relief; Blickrichtung aus Südwesten; die Darstellung beruht auf der Auswertung von 1174 Fichtenbeständen.
Quelle: Stock 1988, Forst und Holz 43, S. 284

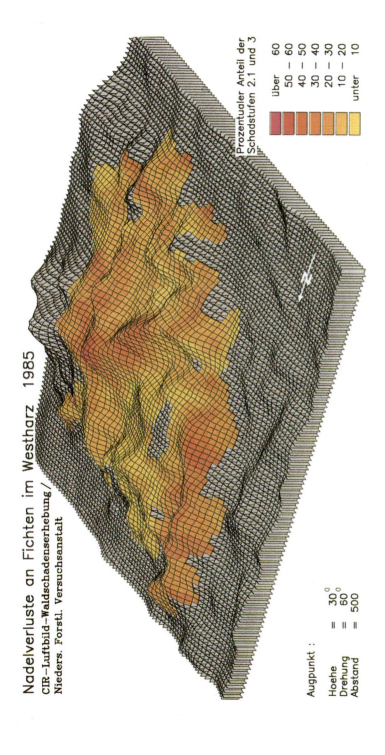

Abb. 5:
Regionale Verteilung der Nadelverluste in Beziehung zum Relief; Blickrichtung aus Südwesten; die Darstellung beruht auf der Auswertung von 1174 Fichtenbeständen.
Quelle: Stock 1988, Forst und Holz 43, S. 284

Fichten (Schadstufe 0−3) verwendet. Für die Quantifizierung der Nadelverluste galt der prozentuale Anteil der Schadstufen 2.1 und 3. Absterbende oder tote Bäume (Schadstufe 4) wurden aufgrund der regional unterschiedlichen Entnahme weder zur Beschreibung der Nadelverluste noch bei der Ermittlung der Gesamtzahl ausgewerteter Fichten berücksichtigt.

3.2 Kartographische Aufbereitung der Waldschadensdaten

Die kartographische Aufbereitung der Waldschadensdaten zur Herstellung von **Flächenverbreitungskarten** erfolgte in der Bundesanstalt für Geowissenschaften und Rohstoffe, Hannover, mit der Rastersoftware UNIRAS. Folgende Veränderungen wurden schrittweise an den zunächst unregelmäßig im Untersuchungsgebiet vorliegenden Daten (Beständen) durchgeführt:

1. Projektion eines Gitternetzes mit einem Gitterpunktabstand von 500 m über das Untersuchungsgebiet.
2. Festlegung eines Suchradius um den Gitterpunkt (1 km).
3. Bildung eines Mittelwertes für jeden Gitterpunkt aus allen Meßpunkten innerhalb des Suchradius.
4. Ermittlung von Isolinien auf diesem Gitternetz durch Interpolationsverfahren.

Das Maß der Generalisierung hängt von der Größe des Suchradius ab (vgl. COLE & KING 1968). Die hier getroffene Wahl von 1 km Suchradius ist ein Kompromiß zwischen einer möglichst flächenhaften Darstellung der Schäden und einer ausreichenden Schadensdifferenzierung.

Zur lagegetreuen Wiedergabe ausgewählter Befundeinheiten wurden **Punktstreuungskarten** verwendet. Die Lage in der Karte wurde anhand der durch Gauß-Krüger-Koordinaten bestimmten Bestandesmittelpunkte oder Luftbildmitten festgelegt. Zur Kartenherstellung wurden Programme auf der Basis der Plotsoftware DISSPLA erarbeitet.

4. Regionale Verbreitungsmuster

4.1 Verbreitung der Schadbilder im Zusammenhang mit dem Relief

Zur Veranschaulichung des Zusammenhanges zwischen Relief und Schädigung wurden die Karten der Schadbildverteilung über ein dreidimensionales Geländemodell des Westharzes gelegt. Der abgebildete Raum hat bei einem Gitterpunktabstand von 500 m eine Flächengröße von 45 km^2.

In Abbildung 4 ist die Verbreitung der Nadelvergilbung bei Blickrichtung aus der Hauptwindrichtung Südwest dargestellt. Die morphologischen Großformen des Untersuchungsgebietes sind aus dieser Perspektive gut zu erkennen. Auffällig ist der Acker-Bruchberg-Rücken, der den Westharz in NE-Richtung quert und im Brocken (1142 m ü. NN) kulminiert. Ebenso deutlich kommen die Hochflächen zwischen 500−600 m heraus, die besonders um Clausthal-Zellerfeld großflächig ausgeprägt sind. Im Gegensatz dazu ist der Südwestharz durch Sieber, Oder und Wieda kleinräumig gegliedert.

Die Plateaulagen des Nordwestharzes stellen den flächenmäßig bedeutsamsten Schwerpunkt der Nadelvergilbung mit einem mittleren Anteil vergilbter Fichten zwischen 30−50%

dar. Unter leichter Abschwächung dehnt sich dieses Schadbild in südliche Richtung bis an den Nordwesthang des Acker-Bruchberges und im Osten bis in das nördliche Okertal aus. Ein zweites Zentrum massiver Vergilbungsschäden liegt in der Hochmulde zwischen Brocken, Bruchberg und Wurmberg. Zum südwestlichen Gebirgsrand hin nimmt die Vergilbung deutlich ab und liegt in den unteren Lagen auf großer Fläche unter 10%. Nördlich des Acker-Bruchberges kommt eine schwache Vergilbung der Bestände nur kleinräumig vor. Beispiele sind der Talausgang der Söse und westexponierte Hanglagen des Okertals. Am nordwestlichen Gebirgsrand liegt der Vergilbungsanteil der Bestände im Mittel zwischen 10−20%. In Kuppenlagen dieses Gebietes nimmt dieses Schadbild tendenziell zu.

Starke Nadelverluste (40−50%) konzentrieren sich auf Bestände in Kammlagen des Acker-Bruchberges, der die etwa 600 m ü.NN gelegene, im Nordwesten vorgelagerte Hochfläche um bis zu 300 m überragt (Abb. 5). Ein weiterer Schwerpunkt mittlerer und starker Nadelverluste sind die Kuppen- und westexponierten Hanglagen des westlichen Nordharzrandes.

Im Gegensatz zu der großflächigen Verbreitung des Schadbildes in exponierten Rand- und zentralen Hochlagen im nördlichen Teil des Untersuchungsgebietes sind die Areale starker Verlichtung im Südwestharz deutlich kleiner und ohne erkennbaren Zusammenhang zum Relief. Sie kommen sowohl in Gebirgsrandlage als auch in höher gelegenen Gebieten südlich des Acker-Bruchberges vor. Das gleiche gilt auch für Bestände mit geringen Kronenverlichtungen. Hier steht der kleinräumigen Verteilung im Südwestharz eine großflächige Verbreitung von Beständen mit schwachen Nadelverlusten auf der Clausthaler Hochfläche gegenüber.

4.2 Verbreitung der Schadbilder im Zusammenhang mit dem Gestein

Zur Untersuchung des Zusammenhanges zwischen Gestein und Symptomausprägung wurden zweidimensionale Karten der Verbreitung der beiden Hauptschadensmerkmale angefertigt. Als zusätzliche Information sind die Mittelpunkte der 1174 ausgewerteten Bestände abgebildet. Ihre Anordnung läßt die Nord-Süd-Richtung der Flugstreifen erkennen und verdeutlicht die hohe Stichprobendichte des Inventurverfahrens. Sie zeigt ebenfalls die schwächere Beprobung südlicher Teile des Harzes aufgrund des hier deutlich höheren Buchenanteils.

Die Verteilungsmuster der Nadelvergilbung zeigen gebietsweise auffällige Gemeinsamkeiten mit der Verbreitung des Grundgesteins (Abb. 6). Das Areal hoher Vergilbungsschäden am nördlichen Harzrand liegt überwiegend im Kahlebergsandstein. Der nach Westen folgende Gesteinswechsel zum Wissenbacher Schiefer ist mit einer deutlichen Abnahme des Schadbildes verbunden. Ein hohes Maß an Vergilbung ist auch in Fichtenbeständen auf Standorten über Granit festzustellen. Dies läßt sich für die Vorkommen des Magmatits südwestlich und südöstlich von Bad Harzburg im Vergleich zu schwächer geschädigten Beständen des Harzburger Gabbro beobachten und gilt besonders für das Gebiet des Brockengranits der zentralen Hochlagen. Das großflächige Areal von Vergilbungsschäden zwischen 30−40% auf der Clausthaler Hochfläche liegt über Kulmgrauwacken des Unterkarbons.

Derart deutliche Zusammenhänge zwischen Gestein und Symptomausprägung lassen sich für den Südwestharz nicht finden. Vielmehr steht hier dem erzgebirgischen Streichen un-

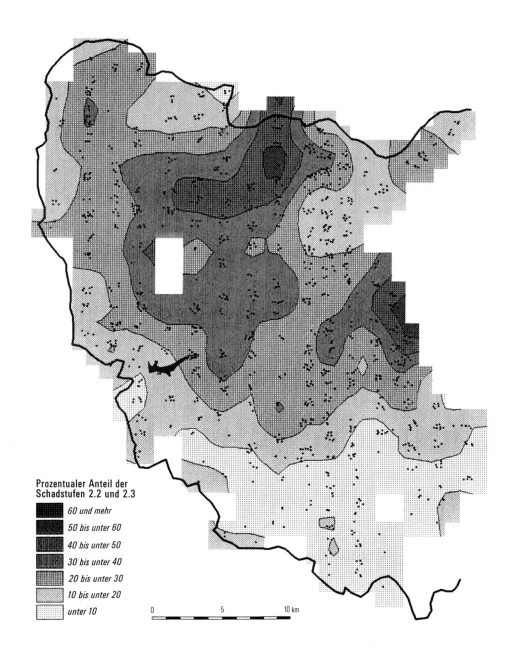

Abb. 6:
Regionale Verteilung der Nadelvergilbung (links) in Beziehung zum Grundgestein (rechts); die Punkte symbolisieren die Lage der interpretierten Bestände.

Die paläozoischen Gesteinseinheiten des Westharzes

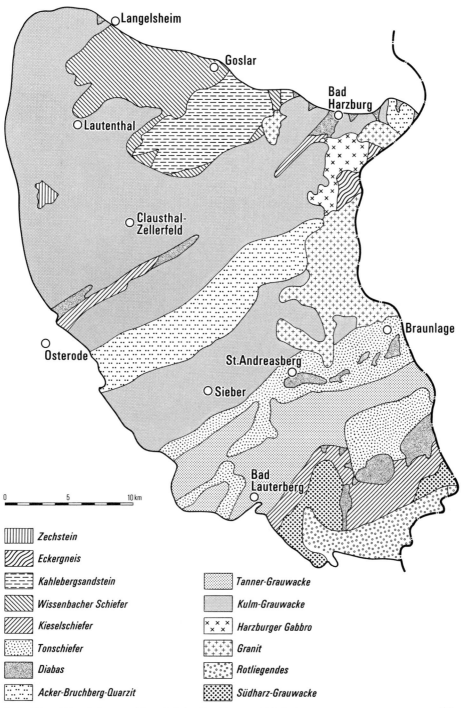

Quelle: MOHR 1978, verändert anhand der geologischen Übersichtskarte 1:200 000, Blatt Goslar.

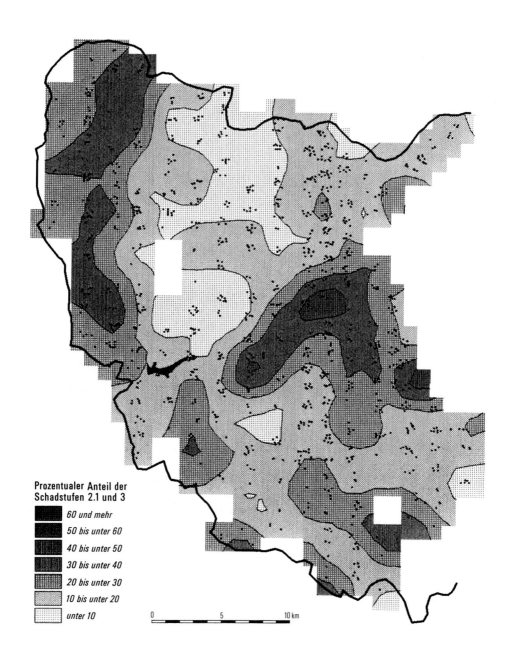

Abb. 7:
Regionale Verteilung der Kronenverlichtung durch Nadelverluste (links)
in Beziehung zum Grundgestein (rechts).

Die paläozoischen Gesteinseinheiten des Westharzes

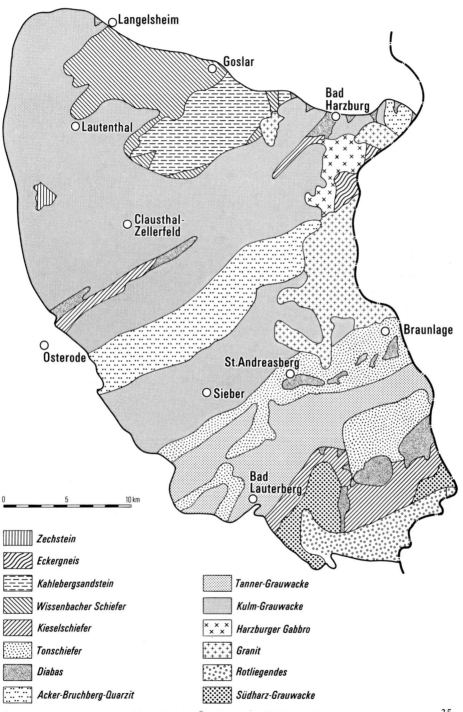

Quelle: MOHR 1978, verändert anhand der geologischen Übersichtskarte 1:200 000, Blatt Goslar.

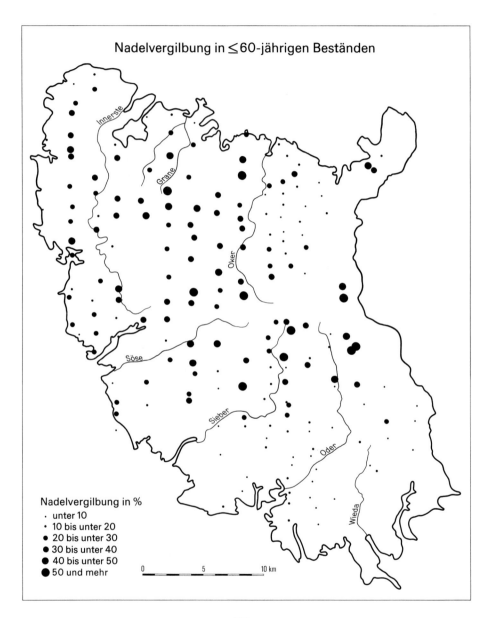

Abb. 8:
Regionale Verteilung der Nadelvergilbung in ≤ 60-jährigen Beständen.

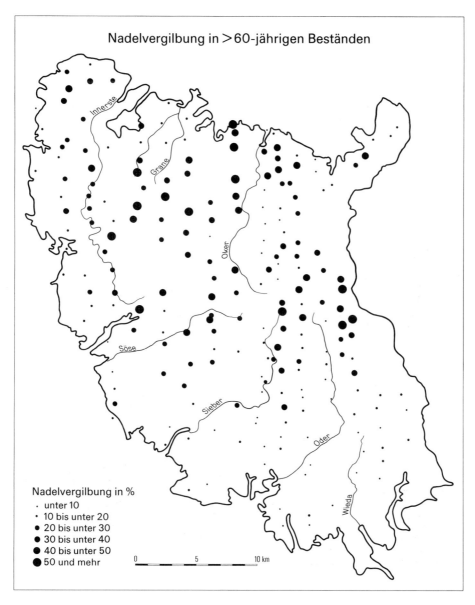

Abb. 9:
Regionale Verteilung der Nadelvergilbung in > 60-jährigen Beständen.

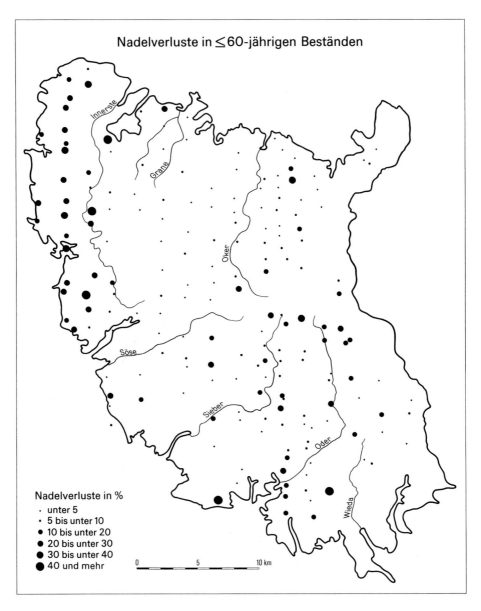

Abb. 10:
Regionale Verteilung der Kronenverlichtung durch Nadelverluste in ≤ 60-jährigen Beständen.

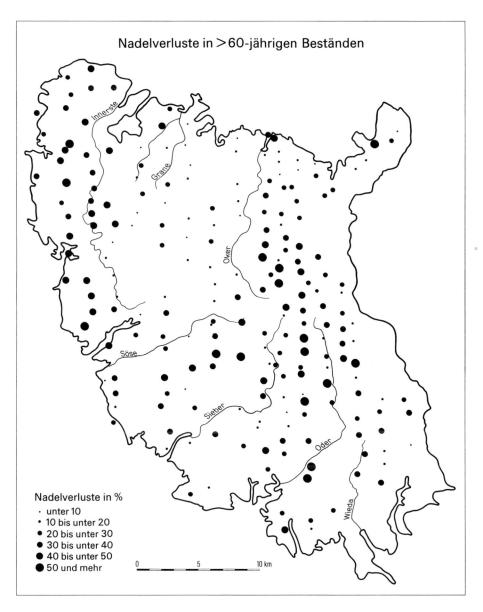

Abb. 11:
Regionale Verteilung der Kronenverlichtung durch Nadelverluste in > 60-jährigen Beständen.

terkarbonischer und devonischer Gesteinseinheiten eine sehr homogene, insgesamt schwache Verbreitung der Nadelvergilbung gegenüber.

Das Zentrum der Kronenverlichtung im mittleren Teil des Untersuchungsgebietes deckt sich in weiten Teilen mit der Verbreitung des Acker-Bruchberg-Quarzits und erstreckt sich im Süden über die westlichen Ausläufer des Brocken-Granits (Abb. 7). Die im Südwesten und Süden auftretenden, stärkeren Nadelverluste decken sich teilweise mit dem Vorkommen des Kieselschiefers.

4.3 Verbreitung der Schadbilder im Zusammenhang mit dem Bestandesalter

Bei der Gruppierung des Datensatzes nach dem Bestandesalter ergab sich für ≤ 60-jährige Bestände eine Stichprobenzahl von 558 und für > 60-jährige Bestände von 616. Auf eine flächenhafte Darstellung wurde aufgrund des reduzierten Datensatzes daher verzichtet. Die Verteilung der Schadbilder wird in Punktstreuungskarten dargestellt. Die Prozentanteile der Schadstufen der Bestände eines Luftbildes wurden zu Mittelwerten zusammengefaßt. Die Lage des Punktes wird durch den Mittelpunkt des interpretierten Luftbildes festgelegt, seine Größe wird durch den mittleren Anteil der Schädigung bestimmt.

Die Verteilung der Nadelvergilbung zeigt für beide Altersgruppen eine schwache Schädigung des Südwestharzes (Abb. 8 u. 9). Das gleiche gilt für das Gebiet östlich des Mittellaufs der Oker. Auch die massiven Vergilbungen in Beständen des Kahlebergsandsteins und Brokkengranits betreffen sowohl junge als auch ältere Fichten. Der Trend zunehmender Vergilbung vom nordwestlichen Harzrand zur Clausthaler Hochfläche gilt ebenfalls für beide Altersgruppen. Die an 30–50% der Fichten auftretenden Vergilbungsschäden im nordöstlichen Okertal kommen überwiegend in > 60-jährigen Beständen vor.

Die Verteilung der Nadelvergilbung bestätigt damit ohne eine weitergehende Altersdifferenzierung die im Zusammenhang mit dem Relief und besonders mit dem Gestein beschriebenen Schadensmuster.

Die Karten der nach Bestandesalter differenzierten Verbreitung der Nadelverluste unterscheiden sich dagegen erheblich (Abb. 10 u. 11). Für die meisten der ≤ 60-jährigen Bestände liegt der mittlere Anteil von Bäumen mit Nadelverlusten unter 10%. Die aufgrund dieser Häufigkeiten veränderte Klasseneinteilung ist bei dem Vergleich der Abbildungen 10 und 11 zu berücksichtigen.

Als Schwerpunkt der Kronenverlichtung in ≤ 60-jährigen Beständen hebt sich der west-nordwestliche Harzrand zwischen Innerste und Söse klar vom übrigen Untersuchungsgebiet ab. Südwestlich des Acker-Bruchberges kommen lokal starke Kronenverlichtungen in Gebirgsrandlage vor. Der übrige Südwestharz zeigt für diese Altersklasse eine heterogene Verteilung der Kronenverlichtung mit Anteilen zwischen 0–20%. Die Betrachtung dieses Schadbildes in ≤ 60-jährigen Beständen auf der Clausthaler Hochfläche und am nördlichen Harzrand zeigt eine eher homogene, schwache Schädigung zwischen 0–10% an.

Die gleichen Gebiete heben sich auch bei > 60-jährigen Beständen als großräumiges, schwach geschädigtes Areal von umgebenden Räumen ab. Die im Zusammenhang mit dem Relief festgestellten Schadensschwerpunkte des westlichen Nordharzrandes und des Acker-Bruchberges werden bestätigt. Im erstgenannten Gebiet treten die höchsten Nadelverluste in Kuppenlagen zwischen Innerste im Osten und dem westlichen Gebirgsrand (zweiter Flugstreifen) auf. Der Anteil von Nadelverlusten in Beständen des Südwestharzes weist wie bei > 60-jährigen Fichten eine heterogene Verteilung bei insgesamt höherem Schadensgrad auf.

Der Nordwestharz und die Clausthaler Hochfläche mit dem nach Norden anschließenden Gebirgsrand sind somit die Räume, in denen die Kronenverlichtung in beiden Altersgruppen in ähnlicher Intensität vorkommt. In den übrigen Beständen des Untersuchungsgebietes deutet sich eine altersabhängige Zunahme der Kronenverlichtung an.

Bei zusammenfassender Betrachtung des Zusammenhanges zwischen Relief, Gestein, Alter und der Verteilung der Schadbilder lassen sich charakteristische räumliche Beziehungen erkennen:

Es gibt Gebiete, bei denen sich die Grenzen des Gesteins eindeutig in der Verbreitung des Schadbildes abbilden. Dazu gehören die Verbreitungsareale des Kahlebergsandsteins und des Granits mit massiven Nadelvergilbungen in Beständen beider Altersgruppen ebenso wie des Wissenbacher Schiefers mit insgesamt schwachen Vergilbungsschäden.

Im Nordwestharz scheinen Relief und Gestein für die räumliche Differenzierung beider Schadbilder gleichermaßen von Bedeutung. Die Kronenverlichtung zeigt in diesem Gebiet einen deutlichen West-Ost-Gradienten mit hohen Nadelverlusten in beiden Altersklassen im nordwestlichen Randbereich und eine deutliche Abnahme auf der Clausthaler Hochfläche. Umgekehrt nimmt die Nadelvergilbung im Anstieg zu den Kuppenlagen des Nordwestharzes zu und steigt weiter, unabhängig vom Alter, auf der Clausthaler Hochfläche an.

Der Acker-Bruchberg-Rücken ist ein Geländebeispiel für die Beteiligung aller 3 untersuchten Größen an der Ausprägung starker Schäden. Dieses Gebiet ist der am stärksten exponierte Höhenzug im Untersuchungsgebiet. Der Gebirgsrücken wird von Quarziten gebildet, für die äußerst geringe Basengehalte und eine hohe Verwitterungsresistenz typisch sind. Als drittes zeigt sich am Acker-Bruchberg der in weiten Teilen des Untersuchungsgebietes beobachtete Trend einer altersabhängigen Zunahme der Kronenverlichtung. Hinzu kommt, daß in Kuppenlage oberhalb von 800 m nur Bestände der Altersgruppe > 60 Jahre vorkommen und das Übergewicht der Kronenverlichtung verstärken.

IV. ZUR VARIABILITÄT DER NADELVERGILBUNG UND DER KRONENVERLICHTUNG IN TEILGEBIETEN DES WESTHARZES

Im Folgenden wird die Verteilung der Hauptschadensmerkmale Kronenverlichtung durch Nadelverluste und Nadelvergilbung nach Standorts- und Bestandesmerkmalen in Teilgebieten des Westharzes beschrieben. Aufgrund des deutlichen Zusammenhanges zwischen dem Gestein und der Schadensausprägung (Kap. III.) wurden nur petrographisch homogene Teilgebiete ausgewählt. Ein zweites Auswahlkriterium war die Heterogenität topographischer Parameter, deren Beziehung zur Schadensausprägung untersucht werden sollte. Die Schadensdaten für diese Untersuchung lieferte, wie im Kap.III., die Waldzustandserfassung durch CIR-Luftbild 1985.

1. Teilgebiete

Der westliche Harzrand (W-Harzrand), der Acker-Bruchberg und das Goseebergland wurden aufgrund ihrer exponierten Lage am nördlichen und nordwestlichen Harzrand bzw.

in den zentralen Hochlagen als Teilgebiete ausgewählt (Abb. 12). Die für diese Räume typische starke Höhenzunahme gilt auch für das Gebiet des Torfhäuser Hügellandes mit Höhen zwischen 650 m ü.NN bei St. Andreasberg und 970 m ü.NN am Wurmberg und für das Bergland der Sieber und das Oderbergland. Der Höhenbereich der Bergländer erstreckt sich zwischen 200 m beim Austritt der Flüsse aus dem paläozoischen Grundgebirge in das Vorland und 700 m im Quellgebiet der zentralen Hochlagen. Das Sieber- und Oderbergland sind durch die zahlreichen Nebenflüsse kleinräumig gegliedert. Als Untersuchungsgebiete wurden somit ausgewählt:
– der westliche Harzrand (Kulm-Grauwacke) (1)
– der Acker-Bruchberg (Quarzit) (2)
– das Gosebergland (Kahlebergsandstein) (3)
– das Torfhäuser Hügelland (Granit) (4)
– das Sieberbergland (Kulm-Grauwacke) (5)
– und das Oderbergland (Tanner Grauwacke) (6).

Die Benennung der Gebiete lehnt sich an die Namen der naturräumlichen Gliederung (Inst. für Landeskunde (Hrsg.) 1970) an.

2. Erhebung von Bestandes- und Standortsdaten

Das Untersuchungsziel der Beschreibung von Schadensmustern erforderte eine möglichst genaue Übertragung der im Luftbild ausgewählten Bestände in topographische Karten zur Bestimmung ihrer Lage und zur Erhebung von Standortsmerkmalen. Für den Harz wurden alle ausgewählten Bestände mit Hilfe eines Stereokartiergeräts (Stereo Zoom Transfer Scope, Fa. Bausch & Lomp) in Forstblankettkarten (Maßstab 1:10000) übertragen. Dieses Gerät ermöglicht die stereoskopische Betrachtung von Luftbildpaar und Karte. Maßstabsun-

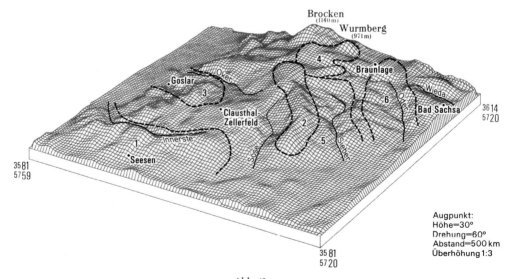

Abb. 12:
Lage der Teiluntersuchungsgebiete

terschiede können ausgeglichen werden. Eine begrenzte Entzerrungsmöglichkeit besteht durch Dehnung oder Streckung des Bildes in x- und y-Richtung (vgl. auch HUSS et al. 1984).

Die Bestandes- und Standortsdaten sind in Tabelle 5 aufgeführt.

Die Lage der Bestände wurde durch den Bestandesmittelpunkt in Gauß-Krüger-Koordinaten angegeben. Die topographische Karte diente auch zur Ermittlung der Höhe ü.NN, der Hangrichtung, der Geländeform und der Hangneigung. Die Höhe ü.NN wurde am Bestandesmittelpunkt abgelesen. Die Messung der Hangneigung erfolgte in der Umgebung des Bestandesmittelpunktes.

Die Definition der Geländeform wurde in Anlehnung an den geoökologischen Schätzrahmen der Forstlichen Standortsaufnahme (KREMSER & OTTO 1973) vorgenommen.

Tabelle 5:
Übersicht der Bestandes- und Standortsmerkmale und ihre Ausprägungen.

Bestandes-merkmale	Ausprägung	Quelle
Alter	Altersklassen 2–9 oder	Betriebswerk
	natürliche Altersstufen Jungwuchs (20–40 J.) Stangenholz (41–60 J.) Baumholz (> 60 J.)	Luftbild
Schlußgrad	geschlossen locker licht lückig räumig	Betriebswerk, Luftbild

Standorts-merkmale	Ausprägung	Quelle
Höhe ü. NN		Karte
Exposition	N,NE,E,SE,S,SW,W,NW	Karte, Luftbild
Geländeform	Kamm Plateau Hang Tal kleinräumig wechselnd	Karte, Luftbild
Hangneigung		Karte

Flächen mit einer Mindestbreite von 100 m und einer Neigung von < 7° wurden als Plateaulagen (ohne seitlichen Hangwasserabzug) definiert. Entsprechend wurden nur die Flächen als Kammlagen- und Oberhangstandorte (mit seitlichem Hangwasserabzug) klassifiziert, die nicht breiter als 100 m sind und nicht tiefer als 50 m unter den Scheitel reichen. Langgestreckte Hohlformen einschließlich Talhänge bis zu einer Neigung von < 7° wurden als Tallagen (mit seitlichem Hangwasserzuzug) definiert.

3. Statistische Auswertung

Zur Beschreibung der Schädigung in den verschiedenen Ausprägungsstufen der Standorts- und Bestandesmerkmale wurden die für Bestände berechneten prozentualen Anteile der Nadelvergilbung beziehungsweise der Kronenverlichtung gemittelt.

In einem zweiten Auswertungsschritt wurde die Beziehung mehrerer Standorts- und Bestandesmerkmale auf die Höhe der Nadelvergilbung und der Kronenverlichtung mit Hilfe der multiplen Regressionsanalyse geprüft.

Die Regressionsanalyse verlangt ausschließlich metrisch skalierte Variablen. Diese Bedingung wurde nur von den Merkmalen Höhe ü.NN und Hangneigung erfüllt. Nominal- und ordinalskalierte Merkmale mußten daher zuvor in Dummy-Variable zerlegt werden (DRAPER & SMITH 1966).

Die multiple Regressionsanalyse bietet verschiedene Möglichkeiten der Aufnahme der unabhängigen Variablen (SCHUCHARD-FICHER et al. 1982). Für diese Untersuchung wurde die schrittweise Regressionsanalyse ausgewählt. Bei dieser Methode werden die unabhängigen Variablen nacheinander unter dem Gesichtspunkt ihres individuellen Erklärungswertes (part. Korellationskoeffizient) der Varianz der Zielgröße in die Regressionsgleichung aufgenommen. Für die Aufnahme von Variablen wurde als Schwellenwert eine Signifikanz von 0.05 vorgegeben.

4. Ergebnisse

Eine Übersicht über die Schädigung der Fichtenbestände in den 6 Teilgebieten gibt Tabelle 6. Danach ist die Nadelvergilbung das vorherrschende Schadbild in ≤ 60-jährigen Beständen. Die mittleren Schadstufenanteile reichen von etwa 10% in Beständen auf Tanner Grauwacke bis etwa 40% in dem am stärksten geschädigten Gebiet des Torfhäuser Hügellandes im Granit. Die mittleren Nadelverluste schwanken in dieser Altersklasse zwischen 5% und 10%. Deutlich darüber liegt mit 24% der Wert für die ≤ 60-jährigen Bestände des nordwestlichen Harzrandes.

Bei der Betrachtung der > 60-jährigen Bestände lassen sich zwei Trends in der Zusammensetzung der Schäden erkennen. Einerseits kann auch in dieser Altersstufe die Nadelvergilbung das dominierende Schadbild sein. Dies trifft für Bestände auf Granit und besonders für Fichten auf Kahlebergsandstein mit einem Vergilbungsanteil von fast 50% zu. Andererseits herrscht in Altbeständen der anderen Teilgebiete die Kronenverlichtung durch Nadelverluste mit Anteilen zwischen 20% und 30% vor. Auf dem Acker-Bruchberg und am W-Harzrand werden diese Werte mit 39% bzw. 42% deutlich überschritten.

Tabelle 6:
Prozentuale Häufigkeit der Nadelvergilbung und Kronenverlichtung durch Nadelverluste in ≤ 60-jährigen und > 60-jährigen Fichtenbeständen aus Teilgebieten des Westharzes.

Teilgebiet/ Gestein	Schadbild	≤ 60 Jahre x̄ min.	max.	> 60 Jahre x̄ min.	max.
westl. Harzrand Kulm-Grauwacke	Vergilbung	26.4 3.2	51.3	22.3 3.6	50.0
	Kronenverl.	24.5 5.0	51.6	39.4 19.3	58.8
Acker-Bruchberg Quarzit	Vergilbung	31.5 7.4	56.9	22.9 0.0	60.0
	Kronenverl.	10.5 0.0	33.3	42.8 11.1	77.5
Sieberbergland Kulm-Grauwacke	Vergilbung	17.4 0.0	61.5	13.6 0.0	65.7
	Kronenverl.	7.5 0.0	42.9	26.7 0.0	74.4
Oderbergland Tanner Grauwacke	Vergilbung	10.8 0.0	36.4	13.6 0.0	51.7
	Kronenverl.	9.8 0.0	43.9	21.6 0.0	51.7
Gosebergland Kahlebergsandstein	Vergilbung	37.1 1.5	77.8	49.0 16.0	82.9
	Kronenverl.	4.1 0.0	24.0	13.8 0.0	50.0
Torfhäuser Hügelland Granit	Vergilbung	40.5 9.1	78.6	34.2 0.0	67.5
	Kronenverl.	12.8 0.0	31.3	28.0 0.0	61.5

Aufgrund der deutlichen Unterschiede in der Symptomausprägung und der Schadensintensität in Beständen der beiden Altersgruppen wurde in den folgenden Untersuchungen in ≤ 60-jährige und > 60-jährige Bestände gegliedert.

4.1 Bivariate Zusammenhänge

Die Verteilung der Nadelvergilbung und der Kronenverlichtung wird nachfolgend für die Standorts- und Bestandesmerkmale dargestellt, die erkennbare Zusammenhänge mit der Schadensausprägung zeigten. Zu diesen gehören die Höhe ü.NN, die Exposition und der Schlußgrad.

Die Standorts- und Bestandesmerkmale wurden vorher zu Merkmalsgruppen zusammengefaßt, um einen ausreichenden Stichprobenumfang zu sichern. Die Zusammenfassung führte bei der Variablen Höhe ü.NN zur Bildung von Höhenklassen (50 m), bei der Variablen Exposition zur Ausscheidung von Richtungsquadranten und bei dem Merkmal Schlußgrad zu einer Zweiteilung des Datensatzes. Eine Gruppe bilden die Bestände mit dem Schlußgrad „geschlossen". Die Bestände mit dem Schlußgrad locker bis räumig wurden in einer zweiten Gruppe „licht/locker" zusammengefaßt. Merkmalsgruppen mit weniger als 5 Beständen werden in den folgenden Abbildungen nicht berücksichtigt.

4.1.1 Höhe ü.NN

Am eindrucksvollsten ist die massive Zunahme der Kronenverlichtung durch Nadelverluste bei > 60-jährigen Beständen im Höhenprofil des Acker-Bruchberges (Abb. 13a). Die sehr starke Zunahme des Schadbildes beginnt bei 725 m und einem Schadensmittelwert von über 40%. In Höhen über 800 m weisen im Mittel mehr als 2/3 der Bäume eines Bestandes Kronenverlichtungen auf. Die Nadelvergilbung dagegen nimmt hier ab etwa 600 m kontinuierlich ab. In Kammlagen des Acker-Bruchberges kommen keine Vergilbungsschäden vor.

Das Schadbild der Nadelvergilbung zeigt jedoch einen deutlichen Anstieg mit zunehmender Höhe in Beständen auf Granit und Kahlebergsandstein (Abb. 13b u. c). In ≤ 60-jährigen Beständen des Goseberglands nehmen Vergilbungsschäden von 20% unter 500 m auf über 50% in 650 m Höhe zu. Der Anteil mittlerer und starker Nadelverluste schwankt in diesen Beständen um 5%. Nur in Beständen in Kuppenlagen des Goseberglandes nimmt dieses Schadbild auf mehr als 10% zu. Einen ähnlichen Trend in der Zunahme der Nadelvergilbung zeigen > 60-jährige Bestände des Torfhäuser Hügellandes. Der Anteil von Bäumen mit deutlichen Nadelverlusten variiert in Fichtenbeständen dieses Gebietes um einen hohen Mittelwert von 30%.

Die Kurve der Schadensverteilung ≤ 60-jähriger Bestände am westlichen Harzrand weist einen verschobenen und teilweise gegenläufigen Verlauf der Kronenverlichtung und Nadelvergilbung auf (Abb. 14a u. b). Im Hangfußbereich bis etwa 350 m und über 550 m dominiert in Beständen dieser Altersklasse die Kronenverlichtung. Zwischen 300 und 500 m überwiegen Vergilbungsschäden. Sie weisen in diesem Abschnitt einen deutlichen Anstieg mit der Höhe auf. In den höchsten Lagen des Gebietes nimmt der Vergilbungsanteil unter den Mittelwert ab. Der Anteil der Schädigung durch Nadelverluste schwankt im gesamten Höhenprofil um den Mittelwert.

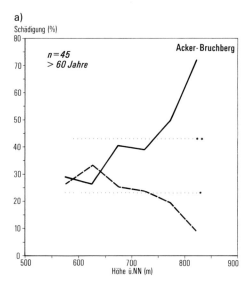

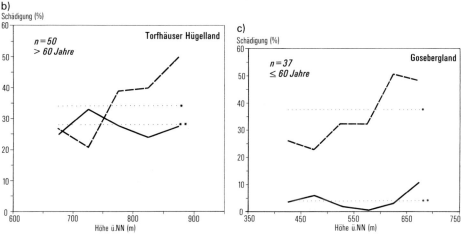

Abb. 13:
Schädigung als prozentualer Anteil der Nadelvergilbung (----) und der Kronenverlichtung durch Nadelverluste (−) in Abhängigkeit von der Höhe ü.NN in den Teilgebieten Acker-Bruchberg (a) Torfhäuser Hügelland (b) und Gosebergland (c).
(* mittlerer Anteil der Nadelvergilbung über alle Höhenstufen, ** mittlerer Anteil der Kronenverlichtung über alle Höhenstufen).

In den beiden Untersuchungsgebieten des Südwestharzes deuten die Vergilbungsschäden im Sieberbergland eine Zunahme mit ansteigender Höhe an (Abb. 15a u. b). Der Kurvenverlauf der Kronenverlichtung zeigt in > 60-jährigen Fichtenbeständen dieses Teilgebietes einen auffälligen Knick zwischen 575 m und 625 m. In diesem Höhenbereich nimmt der Anteil der Nadelverluste von 30% auf 15% ab. In Beständen des Oderberglandes schwankt der Anteil der Nadelvergilbung und der Kronenverlichtung in beiden Altersklassen um 10% (Abb. 16a u. b).

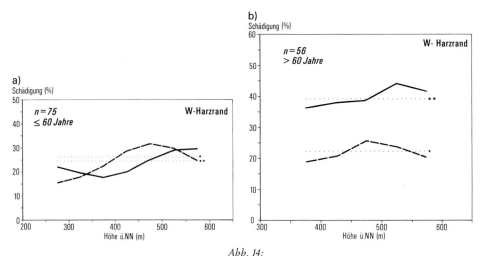

Abb. 14:
Schädigung als prozentualer Anteil der Nadelvergilbung und der Kronenverlichtung in ≤ 60-jährigen (a) und > 60-jährigen (b) Beständen in Abhängigkeit von der Höhe ü.NN im Teilgebiet W-Harzrand. (Legende s. Abb. 13).

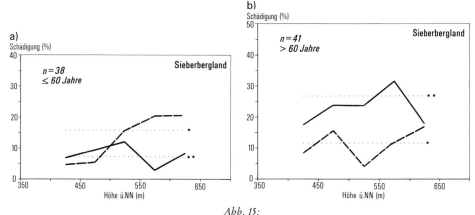

Abb. 15:
Schädigung als prozentualer Anteil der Nadelvergilbung und der Kronenverlichtung in ≤ 60-jährigen (a) und > 60-jährigen (b) Beständen in Abhängigkeit von der Höhe ü.NN im Teilgebiet Sieberbergland. (Legende s. Abb. 13).

4.1.2 Exposition

Die Zusammenfassung der Exposition zu Richtungsquadranten orientierte sich für das Torfhäuser Hügelland und das Sieber- und Oderbergland an der Windverteilung in Braunlage (vgl. Tab. 9). Für die Untersuchungsgebiete Acker-Bruchberg, Goseberglandk und westlicher Harzrand wurde die Windverteilung in Clausthal und Harzburg berücksichtigt.

In den stark geschädigten Gebieten des westlichen Harzrandes, des Acker-Bruchberges und des Goseberglandes lassen sich keine Schadensdifferenzierungen im Zusammenhang mit

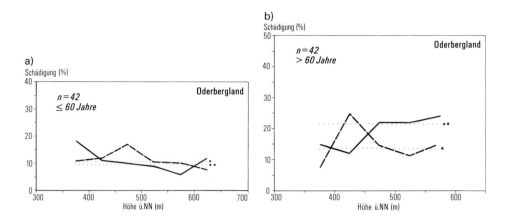

Abb. 16:
Schädigung als prozentualer Anteil der Nadelvergilbung und der Kronenverlichtung in ≤ 60-jährigen (a) und > 60-jährigen (b) Beständen in Abhängigkeit von der Höhe ü.NN im Teilgebiet Oderbergland. (Legende s. Abb. 13).

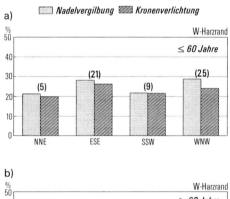

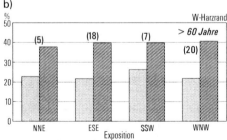

Abb. 17:
Anteil der Nadelvergilbung und der Kronenverlichtung in ≤ 60-jährigen (a) und > 60-jährigen (b) Beständen in Abhängigkeit von der Exposition im Teilgebiet W-Harzrand.
(in Klammern: Anzahl der Bestände).

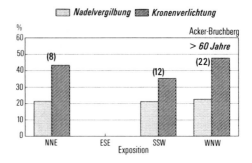

Abb. 18:
Anteil der Nadelvergilbung und der Kronenverlichtung in Abhängigkeit von der Exposition in > 60-jährigen Beständen im Teilgebiet Acker-Bruchberg.
(in Klammern: Anzahl der Bestände).

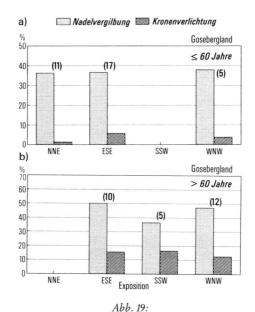

Abb. 19:
Anteil der Nadelvergilbung und der Kronenverlichtung in ≤ 60-jährigen (a) und > 60-jährigen (b) Beständen in Abhängigkeit von der Exposition im Teilgebiet Goseberglund.
(in Klammern: Anzahl der Bestände).

der Exposition erkennen (Abb. 17a u. b, 18, 19a u.b). Im Torfhäuser Hügelland weisen > 60-jährige Bestände des WSW-Quadranten den höchsten Anteil von Bäumen mit Nadelverlusten auf (Abb. 20). Der Mittelwert für dieses Schadbild liegt in diesem Quadranten sogar höher als der Mittelwert der Nadelvergilbung, die in den Beständen der anderen Quadranten z.T. deutlich überwiegt.

In der Verteilung der Bestände des Sieberberglandes deuten sich expositionsbeeinflußte Schadensmuster an (Abb. 21a u. b). Im WSW-und WNW-Quadranten nimmt der Anteil der

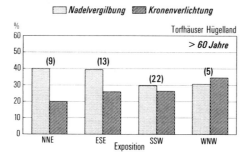

Abb. 20:
Anteil der Nadelvergilbung und der Kronenverlichtung in Abhängigkeit von der Exposition in > 60-jährigen Beständen im Teilgebiet Torfhäuser Hügelland.
(in Klammern: Anzahl der Bestände).

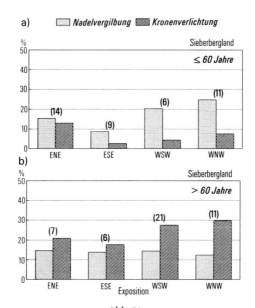

Abb. 21:
Anteil der Nadelvergilbung und der Kronenverlichtung in ≤ 60-jährigen (a) und > 60-jährigen (b) Beständen in Abhängigkeit von der Exposition im Teilgebiet Sieberbergland.
(in Klammern: Anzahl der Bestände).

Vergilbungsschäden in ≤ 60-jährigen Fichtenbeständen auf etwa 20% zu. In den gleichen Quadranten ist in > 60-jährigen Beständen ein Anstieg der Kronenverlichtung festzustellen.

Ein ähnlicher, aber abgeschwächter Trend zeigt sich in Beständen des Oderberglandes (Abb. 22a u. b). Auffällig sind in diesem Gebiet die für die ≤ 60-jährigen Bestände hohen Nadelverluste und Nadelvergilbungen.

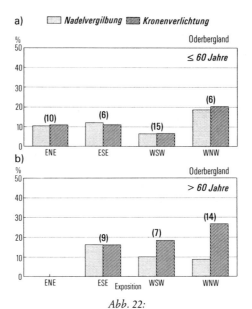

Abb. 22:
Anteil der Nadelvergilbung und der Kronenverlichtung in ≤ 60-jährigen (a) und > 60-jährigen (b) Beständen in Abhängigkeit von der Exposition im Teilgebiet Oderbergland.
(in Klammern: Anzahl der Bestände).

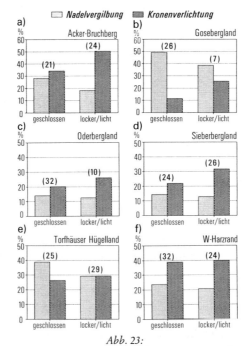

Abb. 23:
Anteil der Nadelvergilbung und der Kronenverlichtung in den Teilgebieten Acker-Bruchberg (a), Gosebergland (b), Oderbergland (c), Sieberbergland (d), Torfhäuser Hügelland (e) und W-Harzrand (f) in Abhängigkeit von dem Schlußgrad in > 60-jährigen Beständen. (in Klammern: Anzahl der Bestände).

4.1.3 Kronenschluß

Der Vergleich von Beständen verschiedenen Schlußgrades war nur für > 60-jährige Bestände realisierbar, weil in der anderen Altersgruppe nur insgesamt 12 Bestände im Schlußgrad als licht/locker eingestuft wurden.

Auflichtungen des Bestandes wirken sich besonders auf das Schadbild der Kronenverlichtung aus. Beispiele deutlicher Zunahmen der Nadelverluste in lichten Beständen im Vergleich zu geschlossenen Beständen sind der Acker-Bruchberg und das Gosebergland (Abb. 23a u. b). Tendenziell deutet sich dieser Anstieg auch in beiden Untersuchungsgebieten des Südwestharzes an (Abb. 23c u. d). Geschlossene Bestände auf Granit und Kahlebergsandstein haben einen höheren Anteil vergilbter Bäume als aufgelichtete Bestände (Abb. 23e u. b). Die Auflichtung führt in Beständen des Teilgebietes westlicher Harzrand nicht zu einer auffälligen Veränderung der Schadenszusammensetzung (Abb. 23f).

4.2 Multivariate Zusammenhänge

Die Ergebnisse der Regressionsanalyse sind in Tabelle 7 aufgeführt. Standorts- und Bestandesmerkmale sind in der Reihenfolge ihrer Aufnahme in das Regressionsmodell in der Tabelle aufgelistet. Die Qualität der Schätzung kann an dem multiplen Korrelationskoeffizienten R^2 (Bestimmtheitsmaß) abgelesen werden. Er gibt den Anteil der durch die aufgenommenen Variablen erklärbaren Streuung der Zielgröße an der Gesamtstreuung wieder. So tragen z.B. die Variablen Höhe ü.NN und Schlußgrad 1 (geschlossene Bestände) signifikant zur Erhöhung (positive Vorzeichen) der Vergilbungsschäden am nordwestlichen Harzrand bei. Die beiden Merkmale können 26% der Gesamtstreuung der Nadelvergilbung erklären.

Die Betrachtung des Bestimmtheitsmaßes zeigt zwischen den Gebieten und Schadbildern z.T. große Unterschiede. Den höchsten Erklärungsbeitrag der Gesamtvarianz ($R^2 = 0.62$) leisten die Merkmale Höhe, Alter und Schlußgrad für die Kronenverlichtung am Acker-Bruchberg. In den anderen Gebieten liegt das Bestimmtheitsmaß zwischen 0,3 und 0,4. Zur Erklärung der Vergilbungsschäden am westlichen Harzrand, im Oderbergland und im Torfhäuser Hügelland können die Standorts- und Bestandesparameter nur einen äußerst geringen Beitrag leisten.

Die Variable Höhe hat den bedeutendsten Einfluß auf die Verteilung der Nadelvergilbung. Eine Zunahme der Höhe ist in jedem Teilgebiet signifikant mit einer Verstärkung der Vergilbungsschäden verknüpft. Ihr Beitrag ist immer höher als 50% der erklärbaren Streuung. Ähnlich bedeutsam ist das Alter der Bestände. Die Variable ≤ 60 Jahre ist in 5 Untersuchungsgebieten signifikant mit niedrigen Werten der Kronenverlichtung gekoppelt. Nur am Acker-Bruchberg korrelieren beide Altersgruppen positiv mit der Schadenszunahme. Die verschiedenen Ausprägungen des Merkmals Exposition führen im Sieberbergland, im Oderbergland und am Acker-Bruchberg zu einem deutlichen Anstieg des Bestimmtheitsmaßes. In den anderen Untersuchungsgebieten schwankt der Erklärungswert der Variablen Exposition um 5%.

Die Merkmale Alter und Schlußgrad werden in drei Teilgebieten als erklärende Variablen in das Regressionsmodell aufgenommen. Für diese Variablen kann angenommen werden, daß sie das Postulat der Unabhängigkeit der Regressoren nicht erfüllen. Eine einfache Möglichkeit zur Prüfung dieser Aussage wird bei SCHUCHARD-FICHER et al. (1982) beschrie-

Tabelle 7:
Ergebnisse der multiplen Regressionsanalyse für Teilgebiete des Westharzes.
R^2 gibt die durch die aufgenommenen Variablen erklärbare Streuung an der Gesamtstreuung der Zielgrößen (Nadelvergilbung bzw. Kronenverlichtung) an.
(vorgegebene Signifikanz 0.05).

Teilgebiet/ Gestein	Schadbild	Variable	Vor- zeichen	R^2
westl. Harzrand Grauwacke	Vergilbung	Höhe	+	0.20
		Schlußgrad 1	+	0.26
	Kronenverl.	≤ 60 Jahre	−	0.30
		Höhe	+	0.35
Acker-Bruchb. Quarzit	Vergilbung	Höhe	+	0.29
		WNW	+	0.44
		≤ 60 Jahre	+	0.54
	Kronenverl.	Höhe	+	0.33
		> 60 Jahre	+	0.57
		Schlußgrad 1	−	0.62
Sieber- bergland Grauwacke	Vergilbung	Höhe	+	0.17
		SSW	+	0.26
		NNE	+	0.30
	Kronenverl.	≤ 60 Jahre	−	0.34
		Tallagen	−	0.38
		Schlußgrad 1	−	0.41
Oderbergland Tanner Grau- wacke	Vergilbung	kleinfl. ws.	+	0.15
	Kronenverl.	≤ 60 Jahre	−	0.25
		ESE	−	0.34
		Plateaulagen	−	0.39
Gosebergland Kahlebergsand- stein	Vergilbung	≤ 60 Jahre	−	0.09
		Höhe	+	0.25
		SSW	−	0.31
	Kronenverl.	Schlußgrad 1	−	0.29
		≤ 60 Jahre	−	0.37
		ESE	+	0.42
Torfhäuser Hügelland Granit	Vergilbung	Höhe	+	0.14
		Plateau	+	0.21
	Kronenverl.	60 Jahre	−	0.21
		NNW	+	0.26

ben. Danach kann als Indikator zur Beschreibung der Abhängigkeitsstärke die Differenz aus der Summe der einzelnen Korrelationskoeffizienten aller aufgenommenen Variablen und des quadrierten multiplen Korrelationskoeffizienten verwendet werden. Der Verdacht der Abhängigkeit (Multikollinearität) ist um so stärker, je größer dieser Indikator ist. Für die drei Teiluntersuchungsgebiete liegen die Werte zwischen 0.05 und 0.07. Unterschiede dieser Größenordnung sind nach SCHUCHARD-FICHER et al. (1982) als gering einzuschätzen.

Es wurden zahlreiche Versuche unternommen, durch Veränderung des Variablensatzes zu einer Verbesserung des Regressionsmodells zu gelangen. Ein Ergebnis dieser Bestrebungen sind die veränderten Quadranten des Sieberberglandes und des Oderberglandes. Andere Versuche waren insofern erfolglos, als sie nur geringe Verbesserungen, in den meisten Fällen aber Verschlechterungen der Schätzung erbrachten.

Die statistische Analyse bestätigt und differenziert damit Tendenzen, die sich bereits bei der visuellen Auswertung (Kap. III) zeigten:

Bestätigt wird die Altersabhängigkeit der Schäden mit einem Vorherrschen der Kronenverlichtung in >60-jährigen Fichtenbeständen und starken Vergilbungen in ≤ 60-jährigen Beständen. Bestätigt wird auch die Höhenabhängigkeit der Kronenverlichtung im Teilgebiet Acker-Bruchberg. Das bisherige Ergebnis der Abhängigkeit der Nadelvergilbung von der Art des Gesteins wird durch die in einigen Teilgebieten deutliche Zunahme dieses Schadbildes mit der Höhe um diesen Faktor erweitert. Der Katalog bedeutender Einflußgrößen der Kronenverlichtung muß um das Merkmal Kronenschluß ergänzt werden. Dieser Zusammenhang und die Altersabhängigkeit dieses Schadbildes führen zu kleinräumigen Schadensmustern, die die großräumigen Tendenzen überlagern können und daher schwerer erkennbar machen.

Diesen klaren Beziehungen zwischen Schadensausprägung und Standortsmerkmalen steht in manchen Teilgebieten ein wechselhaftes, z. T. gegenläufiges Bild der Schadensverteilung gegenüber: Hier nehmen die Nadelvergilbung und die Kronenverlichtung mit der Höhe ab oder zeigen keine Höhenabhängigkeit. Eine Schadensdifferenzierung nach der Exposition ist nur in den Teilgebieten des Südwestharzes möglich, in denen sich höhere Schädigungen auf westexponierten Standorten zeigen. Die Bedeutung des Alters und des Kronenschlusses bleibt für die Ausprägung der Kronenverlichtung allerdings erhalten. Insgesamt unterstreichen diese Ergebnisse die Komplexität des Ursachengefüges, ohne wesentlich zur weiteren Aufhellung der Schadensmuster beitragen zu können.

V. MÖGLICHE URSACHEN DER SCHADENSVERTEILUNG

1. Hypothesenauswahl

Zur Erklärung der „neuartigen Waldschäden" wurden zahlreiche Hypothesen entwickelt. Die meisten derzeit diskutierten Erklärungsansätze stellen anthropogene Luftverunreinigungen in den Mittelpunkt ihrer Betrachtungen. Die Wirkung der Luftverunreinigungen kann direkt an Blattorganen erfolgen oder indirekt über ihre Akkumulation im Boden. Die wissenschaftliche Diskussion der Hypothesen konzentriert sich auf die Frage der Bedeutung dieser Wege für die Ausprägung der Schadbilder.

Zu den **direkt einwirkenden Luftschadstoffen** gehören Gase wie SO_2, O_3, NO_x, aber auch Aerosole und Säuren. PRINZ et al. (1987) sowie ZÖTTL & HÜTTL (1986) postulieren eine direkte Schädigung der Blattorgane durch Ozon in Kombination mit sauren Nebeltröpfchen.

Der **indirekte Weg der Wirkung von Luftverunreinigungen** beinhaltet einen langfristigen Säureeintrag und den daraus sich ergebenden Veränderungen des bodenchemischen Zustands. Diese Hypothese wurde erstmals von ULRICH et al. (1979) anhand der seit 1969 durchgeführten Stoffbilanzen in einem Buchen- und Fichtenökosystem im Solling formuliert.

Die vorliegenden Untersuchungen zur räumlichen Variabilität von Schadbildern „neuartiger Waldschäden" ergaben im regionalen Maßstab sehr deutliche Beziehungen zwischen dem Gestein und der Intensität der Nadelvergilbung mit starken Schäden in Beständen auf Kahlebergsandstein und Granit und deutlich schwächere Schäden in benachbarten Arealen des Wissenbacher Schiefers und des Gabbros. Innerhalb der Gebiete mit hoher Schädigung nimmt außerdem die Nadelvergilbung signifikant mit der Höhe zu.

Die regionale Variabilität des Schadbildes Kronenverlichtung ist mit topographischen Faktoren verknüpft. Fichtenbestände exponierter Areale des Untersuchungsgebietes wie der westliche Harzrand und der Acker-Bruchberg-Rücken zeigen die deutlich höchsten Nadelverluste. Im lokalen Maßstab wird die Kronenverlichtung von Bäumen eines Bestandes vorwiegend durch sein Alter und Kronenschluß bestimmt.

Die Beziehungen zwischen Grundgestein und Nadelvergilbung deuten auf einen zumindest disponierenden Einfluß des Bodens hin. Das Grundgestein ist über die Bodenbildung mit dem Solum verknüpft. Ein wesentlicher Prozeß der Bodenbildung im Stoffkreislauf von Waldökosystemen ist die Silikatverwitterung. Er ist definiert durch die Freisetzung von Nährstoffkationen aus dem Silikatgitter unter Konsumption äquivalenter Mengen von H^+-Ionen. Die Wasserstoffionen entstehen im Ökosystem durch Nutzung der Biomasse oder sie werden durch Säuredeposition eingetragen. Das Ausmaß bodenchemischer Veränderungen wird damit wesentlich durch Säuremenge (Belastung) und durch die Silikatverwitterungsrate (Belastbarkeit oder Empfindlichkeit) bestimmt (van BREEMEN et al. 1983; REUSS & JOHNSON 1986). Langfristig stellt die Silikatverwitterung damit den einzig wirksamen Puffermechanismus dar, der den Versauerungsprozessen entgegenwirkt (ULRICH 1986).

Der Zusammenhang zwischen Kronenverlichtung und topographischen Faktoren gibt Hinweise darauf, daß klimatische Größen an der Verbreitung dieses Schadbildes mitwirken, denn mit der Zunahme der Höhe treten klimatische Streßfaktoren auf, die in geringerer Höhenlage nicht oder nur von geringer Bedeutung sind. Beispiele sind die Streßfaktoren Wind, Frost, Eis oder die Länge der Vegetationsperiode.

Gleichzeitig gewinnen mit zunehmender Höhe folgende Prozesse an Bedeutung, die mit der Säuredeposition in Zusammenhang stehen (UNSWORTH & CROSSLEY (1987):
1. Die trockene Deposition photochemisch erzeugter Luftverunreinigungen, wie z.B. Ozon.
2. Die orographisch bedingte Niederschlagszunahme und damit verbunden die Depositionsrate.
3. Die Ausfilterung von Nebel- und Wolkentröpfchen mit hoher Konzentration säurebildender Luftverunreinigungen.

Diese Ausführungen zeigen, daß die Silikatverwitterungrate und die Depositionsrate geeignet sind, Erklärungshinweise für die räumliche Variabilität der Schadbilder zu liefern.

Zur weiteren Untersuchung (Kap. VI) und Diskussion (Kap. VII) dieses Zusammenhanges sind einfach zu erhebende Faktoren hilfreich, die es erlauben, die Silikatverwitterungsrate und die Depositionsrate abzuschätzen. Auf der Grundlage einer Literaturübersicht wird daher nachfolgend versucht, Faktoren auszuwählen und, darauf aufbauend, Annahmen zur räumlichen Variabilität der Deposition und Silikatverwitterung abzuleiten.

2. Wissensstand und Annahmen zur räumlichen Variabilität der Depositionsrate im Untersuchungsgebiet

Die **Zusammensetzung der Stoffeinträge** wird global durch die Emissionssituation in Mitteleuropa und regional durch Emissionen im Untersuchungsgebiet und in dessen Umland bestimmt. Als säurebildende Substanzen haben Schwefeldioxid und Stickstoffoxide die größte Bedeutung. Sie entstehen überwiegend bei der Verbrennung fossiler Energieträger. Ein Gürtel hoher Schwefel-Emissionen liegt zwischen dem 49. und 52. Breitengrad. Er reicht im Westen bis nach Nordfrankreich und im Osten bis an die Karpaten mit Schwerpunkt über den Emissionszentren in Südengland, Belgien, dem Ruhrgebiet, in Norditalien, der DDR, der Tschechoslowakei und Polen (OECD 1977). Der Harz mit seiner steilen Geländestufe im Norden und Nordwesten stellt unter diesem Gürtel hoher Schwefelemissionen eine erhebliche Barriere für ferntransportierte Luftmassen, aber auch für Stoffeinträge aus nähergelegenen Industriezentren im Raum Salzgitter, Goslar und im Südosten der DDR dar.

Die relativ geringe Entfernung des Harzes zum Meer hat Einfluß auf die Stoffeinträge marinen Ursprungs. Für Magnesium wird eine überwiegend meerbürtige Herkunft angenommen (ULRICH et al. 1979). MATZNER (1988) beschreibt für die Deposition dieses Elementes einen deutlichen Nord-Süd-Gradienten mit Maximalwerten in Waldökosystemen der Wingst und den geringsten Einträgen im Schwarzwald. Das starke Auftreten der mit Mg-Mangel einhergehenden Nadelvergilbung in süddeutschen Fichtenbeständen wird im Zusammenhang mit diesem Depositionsgradienten diskutiert (MATZNER 1988).

Regional ist mit der Emission von Stäuben im südwestlichen und nordwestlichen Vorland des Westharzes zu rechnen (vgl. RAPER et al. 1989). In diesen Gebieten ist der Ackerbau mit intensiver Bodenbearbeitung die großräumig vorherrschende, staubproduzierende Landnutzungsform. Darüberhinaus verursacht der Abbau von Kalklagerstätten am Iberg-Winterberg Staubemissionen in unmittelbarer nordwestlicher Randlage. Bei Betrachtung der gesamten Stofffracht ist jedoch mit einer hohen Grundbelastung ferntransportierter Säurebildner zu rechnen. Auf dieser Basis können sich, durch lokale Staubemittenten verursacht, räumliche Muster der effektiven Säurebelastung ausbilden.

Eine Zusammenstellung der Schwefeldeposition in mittel- und nordeuropäischen Waldökosystemen gibt Hinweise auf die Bedeutung der Lage zum Emittenten auf die **Rate des Stoffeintrags** (SEUFERT 1988). Danach werden die höchsten Sulfatschwefeleinträge in Zonen sehr hoher Schwefeldioxidemissionen gemessen. Die geringsten Einträge erhielten emissionsferne Waldgebiete Mittelschwedens und Nord-Norwegens. Eine mittlere Position nehmen in der Aufstellung südwestdeutsche Standorte ein. Für Nitratstickstoff kommen HAUHS et al. (1989) zu ähnlichen Ergebnissen. Bei der Deposition von Ammoniumstickstoff muß lokalen Emissionsverhältnissen eine hohe Bedeutung beigemessen werden, wie Untersuchungen aus den Niederlanden (van BREEMEN et al. 1983) und dem Nordwesten der Bundesrepublik zeigen (BREDEMEIER 1987; BÜTTNER et al. 1986).

Untersuchungen zum Stoffaustausch zwischen Atmosphäre und Waldökosystemen liegen aus verschiedenen Waldgebieten vor und sind bei MIES (1987) zusammengestellt. Sie zeigen bisher, daß verschiedene Teilprozesse die Depositionsrate bestimmen. Eine Beschreibung der Teilprozesse wird bei BREDEMEIER (1988) gegeben, die physikalisch chemischen Grundlagen werden ausführlich bei FOWLER (1980) und KUES (1984) abgehandelt.

Bei den bisherigen Untersuchungen der Depositionsraten in Waldökosystemen hat sich für Mittelgebirgslagen die Ausfilterung von Nebel- und Wolkentröpfchen (Interzeption) durch die Blätter oder Nadeln des Kronendaches als bedeutender Eintragsprozeß herausgestellt. Merkmale dieses Prozesses sind eine z.T. beträchtliche Erhöhung der Niederschlagsmenge (vgl. „Nebelzuschlag" bei BLÜTHGEN & WEISCHET 1980; GRUNOW 1954) und besonders der Anstieg der Stoffkonzentration im Nebel gegenüber dem Regenwasser. Ein weiteres Kennzeichen ist die langanhaltende Benetzung der Blattorgane in Nebellagen, die die Lösung gasförmiger Substanzen wie SO_2 begünstigt und einen bedeutsamen Depositionsweg für Schwefel in Mittelgebirgslagen darstellt (ULRICH et al. 1979).

GEORGII et al. (1987) fanden in Waldökosystemen Hessens eine Konzentrationserhöhung um das 5- bis 15-fache im Nebelniederschlag im Vergleich zum Regenwasser. Zu ähnlichen Ergebnissen kommt SCHRIMPF (1983) bei Untersuchungen im nördlichen Frankenwald. MATZNER (1984) untersuchte die Interzeptionsrate von Schwefel in einem Fichten- und Buchenbestand im Solling. Der Vergleich der saisonalen Variabilität der Interzeptionsrate mit der mittleren Zahl der Nebeltage zeigte einen konformen Verlauf beider Kurven. Im Harz liegen für 5 Fichtenbestände Messungen der Depositionsrate vor (HAUHS 1985; STEINSIEK 1984). In Abbildung 24 ist die Niederschlags- und Interzeptionsdeposition von Schwefel für diese Untersuchungsflächen dargestellt. Die Althölzer der Standorte Altenau und Walkenried liegen in exponierter Kammlage. Die anderen Bestände befinden sich gegenüber westlichen Winden in Schutzlagen des Innerstetals und im Tal der Langen Bramke. Die Darstellung zeigt, daß die Niederschlagsdeposition nur geringfügig variiert. Deutliche Unterschiede dagegen treten in der Interzeptionsrate auf.

HAUHS (1985) diskutiert als wesentliche Ursache dieses Unterschiedes eine höhere Zahl von Nebeltagen in den exponierten Lagen der Standorte Altenau und Walkenried, ihre Exposition gegenüber westlichen Winden und damit verbunden eine verstärkte Auskämmung von Nebel- und Wolkentröpfchen.

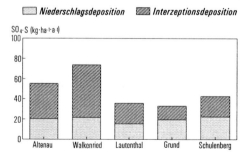

Abb. 24:
Niederschlags- und Interzeptionsdeposition von Sulfat-S an 5 Meßflächen im Westharz. (aus STEINSIEK 1984; HAUHS 1985) Meßzeitraum Dez. 1982 – Jan. 1984, Standort Lautenthal Feb. 1983 – Jan.1984.

LINDBERG et al. (1988) untersuchten den Stoffeintrag zweier Waldstandorte in den südlichen Appalachen. Sie beschreiben die 2- bis 5-fach erhöhte Depositionsrate des höher gelegenen Bestandes im Zusammenhang mit der topographisch bedingten Veränderung meteorologischer Faktoren. Dazu gehören eine Erhöhung der Windgeschwindigkeit, eine Zunahme der Nebelhäufigkeit und ein orographisch bedingter Anstieg der Niederschläge. Für britische Gebirgslagen beschreiben FOWLER et al. (1988) eine reliefabhängige Zunahme des Stoffeintrages. Die Autoren führen den Anstieg der Depositionsrate aber nicht auf eine gesteigerte Interzeptionsleistung sondern auf den „SEEDER-FEEDER" Effekt zurück. Ihm liegt die Vorstellung zugrunde, daß ein orographisch bedingter Luftmassenaufstieg an Bergrücken zur Wolkenbildung mit einer erhöhten Stoffkonzentration in den Wolkentröpfchen führt („Feeder"). Bei großräumigen Niederschlagsereignissen („Seeder") bewirkt die Auswaschung solcher Wolken einen Anstieg der Ionenkonzentration im Regen- oder Schneewasser. Der Anreicherungsfaktor liegt bei der nassen Deposition zwischen 2 und 3.

Auch kleinstandörtlich haben die Veränderungen der Oberflächenstruktur und die damit verbundene Variabilität des Mikroklimas einen erheblichen Einfluß auf die Depositionsrate. LOVETT (1984) konnte durch Messungen in Tannenbeständen *(Abies balsamea L.)* zeigen, daß die Ausfilterung von Nebel- und Wolkentröpfchen durch die Auflockerung des Bestandes um den Faktor 7 ansteigen kann. HASSELROT & GRENNFELT (1987) und FRITSCHE (1987) beobachteten eine Zunahme der Depositionsrate am Bestandesrand von Nadelgehölzen auf das 2- bis 3-fache der im Bestandesinneren gemessenen Werte. STEVENS (1987) untersuchte die chemische Zusammensetzung des Bestandesniederschlages in vier Sit-

Tabelle 8:
Regionale Variabilität und Jahresgang des Niederschlages und der Nebelhäufigkeit. (Daten aus GLÄSSER, Diss. in Vorb.).

Station	Region	Mittlere Niederschlagsmenge (mm) (1951–1980)											
		J	F	M	A	M	J	J	A	S	O	N	D
Brocken	höchste Lagen	156	122	133	116	114	136	142	120	112	120	153	185
Oderbrück	Hochharz	146	117	108	114	108	122	131	114	104	113	133	168
Braunlage	östl. Hochharz	112	92	89	86	89	112	119	100	88	92	114	141
Clausthal	Clausth. Hochfl.	119	93	92	92	103	118	136	116	96	100	109	136
Bad Harzburg	Nordharzrand	66	51	63	63	78	94	78	78	53	53	65	76
Seesen	Nordwestharzrand	65	53	55	60	75	93	91	88	64	57	62	73
Bad Sachsa	Südharzrand	75	64	60	64	72	88	93	86	63	69	74	88

Station	Höhe ü.NN	Mittlere Anzahl der Tage mit Nebel (1951–1965)											
		J	F	M	A	M	J	J	A	S	O	N	D
Brocken	1142	28	25	26	24	24	23	26	26	24	26	27	28
Braunlage	607	11	8	8	4	3	3	2	2	4	7	12	12
Clausthal	566	15	11	9	4	4	5	5	5	6	10	14	16
Bad Harzburg	265	5	4	7	4	2	1	1	1	3	6	7	6
Seesen	200	3	3	3	2	1	1	1	1	1	3	3	3
Bad Sachsa	325	7	6	5	1	1	1	1	1	3	5	8	7

kafichtenbeständen vergleichbarer Lage aber unterschiedlichen Alters. NO_3-Stickstoff zeigte im Bestandesniederschlag der älteren Bestände signifikant höhere Konzentrationen. Die Konzentration basischer Kationen unterschied sich nicht. In Windkanalexperimenten untersuchten RUCK & SCHMIDT (1986, 1988) Depositionsvorgänge von Feinsttröpfchen bei Einzelbaumumströmung und bei Umströmung von Modellbeständen. Die Ergebnisse zeigen, daß Bäume oder Bestände als Strömungshindernisse zu Turbulenzen in der anströmenden Luftmasse führen. Diese Turbulenzen können durch Auflichtung des Modellbestandes oder durch eine Vergrößerung des Hangneigungswinkels erzielt werden. Die Erhöhung der Turbulenz ist mit einem Anstieg der Depositionsrate der Feinsttröpfchen verbunden.

Trotz der geringen Anzahl von Freilandstudien zur Depositionsrate in Waldökosystemen des Harzes sind **Annahmen über die Deposition** für regionale Fragestellungen möglich, da die Teilprozesse in entscheidendem Maße durch meteorologische Faktoren gesteuert werden, wie gezeigt wurde (vgl. auch CRANE & COCKS 1989). Die räumliche Variabilität meteorologischer Größen ist aufgrund längerer Meßreihen und eines dichteren Meßnetzes im Vergleich zu Depositionsmessungen im Harz besser bekannt (Tab. 8 u. 9).

Diese Zusammenstellung von Einflußgrößen der Depositionsrate und der Variabilität klimatischer Parameter läßt im Harz regionale und lokale Depositionsunterschiede erwarten. Depositionseffekte sind auf lokaler Ebene besonders bei der Veränderung der Bestandeshöhe und -rauhigkeit zu vermuten. Im regionalen Maßstab sind reliefabhängige Unterschiede der Depositionsrate anzunehmen aufgrund der Höhenzunahme

Tabelle 9:
Windverteilung und mittlere Windstärke in verschiedenen Regionen des Harzes (1951–1965). (Daten aus GLÄSSER, Diss. in Vorb.).

Station	\multicolumn{9}{c	}{Windverteilung in %}

Station	N	NE	E	SE	S	SW	W	NW	Kalmen
Brocken	8	7	8	5	11	25	23	13	0.4
Braunlage	8	11	8	2	6	24	25	12	4
Clausthal	4	3	14	8	27	27	10	5	2
Bad Harzburg	4	6	3	4	13	24	9	9	29
Seesen	4	3	7	12	16	18	13	8	18
Bad Sachsa	1	1	14	8	8	23	34	7	5

Station	N	NE	E	SE	S	SW	W	NW
\multicolumn{9}{c}{Mittlere Windstärke (m/s)}								
Brocken	8	7	7	7	8	13	12	9
Braunlage	3	3	3	2	3	3	3	3
Clausthal	4	5	4	3	4	4	5	3
Bad Harzburg	1	1	1	2	3	3	3	2
Seesen	2	2	2	2	2	2	2	2
Bad Sachsa	5	4	4	3	3	3	4	5

1. – am nordwestlichen Gebirgsrand, der quer zur vorherrschenden Windrichtung auf einer Strecke von 6 km von 250 m ü.NN auf 600 m ü.NN aufsteigt,
2. – am Acker-Bruchberg, der das Untersuchungsgebiet von SW nach NE quert und die Clausthaler Hochfläche um bis zu 350m überragt und
3. – an der steilen Geländestufe des nördlichen Harzrandes und hier besonders im Gebiet des bis zu 700 m hohen Oberharzer Devonsattels.

3. Wissensstand und Annahmen zur räumlichen Variabilität der Silikatverwitterungsrate im Untersuchungsgebiet

Der wissenschaftliche Kenntnisstand zum Prozeß der Silikatverwitterung beruht auf Laborexperimenten zur Stabilität von Mineralen und auf der Ermittlung von Verwitterungsraten in der holozänen und rezenten Bodenentwicklung durch Bodenprofil- und Ökosystembilanzen (FÖLSTER 1985). Aus diesen Untersuchungen lassen sich vier für die Silikatverwitterung bedeutsame Faktorenkomplexe ableiten:

1. – die Verwitterungsstabilität der im Boden vorkommenden Minerale (GOLDICH 1938),
2. – die spezifische Oberfläche der Bodenmatrix (CLAYTON 1979),
3. – die chemische Zusammensetzung der Bodenlösung (SVERDRUP & WARFVINGE 1988),
4. – das Hydroregime des Bodens (SCHNOOR & STUMM 1986).

Die **Verwitterungsstabilität der Minerale** hängt von den kristallographischen Eigenschaften (Spaltbarkeit, Härte) und von dem Kondensationsgrad des Silikatgitters ab (SCHEFFER & SCHACHTSCHABEL 1984). Fe- und Mn-haltige Minerale verwittern leichter, da sie an der Erdoberfläche oxidieren können. Innerhalb einer Strukturgruppe nimmt die Stabilität mit steigendem Si-Gehalt und abnehmendem Al-Anteil zu. Anhand dieser Kriterien formulierte GOLDICH (1938) Stabilitätsreihen für gesteinbildende Minerale.

Die mit Hilfe von Stabilitätsreihen abgeschätzte Verwitterung kann von der **Oberflächengröße der Minerale** oder Gesteinsbruchstücke erheblich beeinflußt werden. Kleine Partikel mit großer Oberfläche verwittern schneller als große Teilchen (CLAYTON 1979). Die stärkste chemische Verwitterung findet an Tonfragmenten statt (SVERDRUP & WARFVINGE 1988). Dieser Befund wird eindrucksvoll durch Untersuchungen von TARRAH (1989) über Verwitterungsbilanzen von Böden bestätigt. Er fand an einem Lößprofil in Spanbeck (Südniedersachsen) die höchsten Werte der Magnesiumverwitterung in der Tonfraktion. Sie übertrafen die Werte für die Grobschlufffraktion um das 10-fache.

Erkenntnisse über das Verhalten der Silikatverwitterung bei wechselnden **chemischen Bedingungen** oder **Veränderungen des Hydroregimes** liegen bisher nur aus Laborexperimenten vor (z.B. BUSENBERG & CLEMENCY 1975; BERNER 1978; CHOU & WOLLAST 1984; SCHNOOR & STUMM 1986). Der Einfluß der Faktorenkomplexe auf die Silikatverwitterung in Böden, insbesondere in versauerten Böden, ist nicht bekannt.

Anhand der beiden erstgenannten Faktorenkomplexe wird im folgenden versucht, die **räumliche Variabilität der Silikatverwitterung im Untersuchungsgebiet** zu beschreiben. Diese Beschreibung erfolgt in Anlehnung an ein von SVERDRUP & WARFVINGE (1988) vorgeschlagenes Schema, das eine Abschätzung der potentiellen Silikatverwitterungsrate des Bodens anhand der Mineralzusammensetzung ermöglicht.

Die Klassifizierung der potentiellen Silikatverwitterungsrate bezieht sich auf eine 1 m mächtige Bodendecke. Die gleiche Bezugsgröße der Silikatverwitterungsrate wird von MATZNER (1988) vorgeschlagen.

Die Mineralzusammensetzung der Böden im Untersuchungsgebiet ist nicht bekannt. Es wird hier stark vereinfachend unterstellt, daß die Mineralzusammensetzung des Bodens durch die Mineralausstattung des Gesteins beschrieben werden kann. Die Mineralausstat-

Tabelle 10:
Mineralbestand einiger Sedimentgesteine und Magmatite des Westharzes. (Vol.-%).
(Angaben aus MÜLLER 1978, 1980; * aus GÖRZ 1962) (+: überwiegend).

Gesteine	Quarzit	Kahleberg-sandstein*	Kulm-Grauw.	Tanner Grauw.	Tonschiefer des Unterdev.	Granit	Gabbro
Proben (n)	4	11	59	11	8	58	?
Quarz	94	56	27	22	22	34	
Feldspat		20	25				
Orthoklas		2				41	
Plagiokl.	1	2	+	+		19	55–85
Glimmer	3		2	4			
Muskovit	+	3	+				
Serizit		}34			}76		
Chlorit			12	11			
Mafite						5	5–40
Sonstige	1	3	8	6	1		
Gesteins-bruchstücke	1		31	32			

Tabelle 11:
Gemittelte chemische Analysen (Gew.-%) von Sedimentgesteinen und Magmatiten des Westharzes.
(Angaben aus MÜLLER 1978, 1980; * SIEWERS schriftl. Mittl.).

Gestein	n	SiO_2	TiO_2	Al_2O_3	Fe_2O_3	FeO	MnO	MgO	CaO	Na_2O	K_2O
Quarzit		93.5	–	1.9	2.6	–	–	0.4	0.7	–	–
Kahlebergsandst.*	6	80.5	0.6	8.0	3.6		0.1	0.5	0.2	0.2	2.4
Kulm-Grauwacke	13	70.9	0.6	13.3	1.8	2.3	0.1	1.5	1.3	2.7	1.3
Tanner Grauw.	5	68.1	0.2	12.7	2.0	2.7	0.2	2.6	1.3	4.0	1.7
Tonsch.(Unterd.)*	6	67.6	0.7	14.5	5.7		0.1	1.9	1.0	1.3	3.0
Granit	19	74.5	0.2	13.0	0.9	1.7	0.1	0.2	0.9	2.9	5.4
Gabbro	14	48.3	1.1	14.1	2.2	9.4	–	13.1	7.7	1.5	1.1

tung der vorherrschenden Gesteine des Westharzes ist in zahlreichen Einzelarbeiten untersucht und bei MÜLLER (1978, 1980) zusammengefaßt worden.

Die mineralogische Zusammensetzung der in dieser Arbeit untersuchten Gesteinseinheiten ist in Tabelle 10 aufgeführt. Einschlägige Daten zum Wissenbacher Schiefer liegen nicht vor. Die Mineralausstattung des Gabbros ist sehr heterogen und kleinräumig stark wechselnd. Für dieses Gestein wurden daher nur grobe Spannweiten der Mineralzusammensetzung angegeben.

Die Daten erlauben zunächst eine grobe Dreiteilung des Gesteinskollektivs. In eine Gruppe können Gesteine mit großen Anteilen leicht verwitterbarer Mafite zusammengefaßt werden. In diese Gruppe ist der Gabbro einzuordnen. Das Gegenstück dieser Klasse bilden Gesteine mit sehr hohen Quarzanteilen wie der Quarzit und – mit Abstrichen – der Kahlebergsandstein. Eine Mittelstellung nehmen die großflächig im Untersuchungsgebiet anstehenden Grauwacken, Granite und die Tonschiefer ein.

Die hohen Magnesiumoxid- und Eisenoxidwerte der chemischen Gesteinsanalysen des Gabbros (Tab. 11) deuten darauf hin, daß Olivine einen bedeutenden Anteil der Mafite ausmachen. Die hohen CaO-Gehalte dieses Gesteins sind Hinweise auf schnell verwitternde Anorthite (SOHN 1957). Beim Granit ist aufgrund der niedrigen Gehalte von Magnesiumoxid und Eisenoxid anzunehmen, daß es sich bei den Mafiten um schwerer verwitterbare Minerale handelt.

Die chemischen Vollanalysen ermöglichen auch eine weitergehende Trennung der Grauwacken und Tonschiefer. Die von HELMBOLD (1952) an Tanner Grauwacken durchgeführten Untersuchungen ergaben, daß es sich bei den Glimmern vorwiegend um Biotite handelt. MATTIAT (1960) fand in Kulm-Grauwacken des Nordwestharzes vorwiegend klastische Muskovite. Dieser Unterschied im Mineralbestand erklärt die höheren Kaliumoxid- und Magnesiumoxidanteile der Tanner Grauwacke im Vergleich zur Kulm-Grauwacke. Die relativ hohen Na_2O-Gehalte von 4% der Tanner Grauwacke sind Hinweise darauf, daß Albite oder saure Plagioklase einen bedeutenden Feldspatanteil ausmachen. Natrium kommt nur in Feldspäten in bedeutender Menge vor (MÜLLER 1980). Der für Glimmer beschriebene SE-NW Trend in der Veränderung des Mineralbestandes der Grauwacken gilt auch für die zwischen den Grauwackebänken eingeschalteten Tonschieferlagen (HELMBOLD 1952; MATTIAT 1960).

In den devonischen Tonschiefern ist mit Kalkeinlagerungen zu rechnen (GÖRZ 1962; KNOKE 1966; PAUL 1975). Vor diesem Hintergrund sind die CaO-Werte der Tonschiefer (Unterdevon) möglicherweise auf Kalkanreicherungen zurückzuführen, denn calziumführende Feldspäte fehlen. Das Fehlen der Feldspäte macht sich auch im Natriumoxidgehalt bemerkbar. Der hohe Anteil an Tonmineralen in der Mineralanalyse läßt vermuten, daß der größte Teil des Magnesiumoxids im Zwischenschichtraum der Tonminerale eingelagert ist. Der im Vergleich der Sedimentgesteine höchste Magnesiumoxidwert des Wissenbacher Schiefer ist ein Hinweis auf dolomitische Kalke (KNOKE 1966).

Die geringen CaO- und Na_2O-Gehalte des Kahlebergsandsteins bestätigt die geringen Feldspatgehalte. Die Glimmer werden von GÖRZ (1962) vorwiegend als Serizite oder Muskovite beschrieben. Diese Angaben erklären die hohen Kaliumoxidwerte der Sandsteine im Vergleich zu den Grauwacken.

Die bisherigen Aussagen zur potentiellen Silikatverwitterungsrate basieren auf den vereinfachten Vorstellungen zur Verwitterungsstabilität der Minerale. Im folgenden werden einige Überlegungen zur Geomorphologie und zur Verwitterungsdynamik angestellt. Diese

Überlegungen streifen damit den zweiten Komplex „Oberfläche der Bodenmatrix". Es wird angenommen, daß die Oberfläche der Bodenmatrix durch die Korngrößenzuammensetzung des Bodens beschrieben werden kann (SCHULTE 1988). Prozesse der Korngrößenveränderung des bodenbildenden Materials wie die Zufuhr von Fremdmaterial durch morphodynamische Prozesse, die Neubildung von Tonmineralen sowie die Veränderung der Korngrößenzusammensetzung durch Bodenbildungsprozesse müssen vernachlässigt werden, weil keine einschlägigen Daten vorliegen.

Nach GÖRZ (1962) ist mit einer Abnahme der mittleren Korngröße vom Kahlebergsandstein zu den Wissenbacher Schichten zu rechnen. Bei den Grauwacken zeigte der Vergleich von fein-, mittel- und grobkörnigen Präparaten eine Zunahme des Glimmer- und Chloritanteils mit abnehmender Korngröße (HELMBOLD 1952; HUCKENHOLZ 1959; MATTIAT 1960).

Für den Boden ist das „Korngrößenargument" der Silikatverwitterungsrate im Untersuchungsgebiet von besonderer Bedeutung, weil das Grundgestein von einer durchschnittlich 1−2 m mächtigen Deckschicht aus periglazialen Lockersedimenten überlagert wird. (SCHRÖDER & FIEDLER 1975). In vertikaler Richtung bildet die Deckschicht in Abhängigkeit von ihrer Genese typische Deckschichtfolgen mit unterschiedlichem Skelettgehalt. Während sich die untere Schicht (Basisschutt, SEMMEL 1968) häufig vom anstehenden Grundgestein ableitet, kann die obere Schicht (Mittelschutt, SEMMEL 1968) Fremdmaterial enthalten. Lokal sind besonders an steilhängigen Geländeformen resistenter Gesteine (Quarzite, Granite) erhöhte Stein- und Schuttanteile festzustellen. Auf den genannten Schuttschichten kann lößdurchmischter Deckschutt lagern, so daß es zur Bildung eines Dreischichtprofils kommt (SCHRÖDER & FIEDLER 1977). Morphodynamische Prozesse führen auf diese Weise durch Fremdmaterialzufuhr und Materialsortierung im stark reliefierten Gelände zu Veränderungen des bodenbildenden Materials. Die Anreicherung von Feinmaterial in Unterhanglagen, Mulden oder in Plateaulagen begünstigt bei Sedimentgesteinen aufgrund geringerer Korngrößen die Verwitterungsrate. Grobes, skelettreiches Material in Kamm-, Rücken- und Kuppenlagen verringert durch die geringe Oberfläche die Verwitterungsrate.

Die Magmatite im Westharz enthalten chemisch leicht verwitterbare Minerale der Ferromagnesiareihe. Je nach Anteil kann die vergleichsweise schnelle Verwitterung dieser Mineralgruppe zu einer deutlichen Verschiebung des Mineralbestandes in Gestein und Boden führen. Ein zweiter, quantitativ aber geringer einzuschätzender Prozeß, der zur Veränderung des Mineralbestandes führt, ist die „inkongruente Feldspatverwitterung" (VALETON 1988). Ein in diesem Zusammenhang besonders gut untersuchtes Gestein ist der Granit (BIRKELAND 1974; CLAYTON 1986; CREASEY et al. 1986). Die Ergebnisse dieser Autoren belegen anhand des Na/Ca- Verhältnisses, daß in frischem Gestein zunächst die calziumreichen Anorthite und mit zeitlicher Verzögerung die natriumreichen Albite chemisch verwittern. Bei skelettreichen Böden ist daher in Umkehrung zu den im vorhergehenden Abschnitt für Sedimentgesteine formulierten Annahmen für die Magmatite eine topographisch beeinflußte Verwitterungsrate abzuleiten, die der Tendenz nach in Erosionslagen höher und in Akkumulationslagen niedriger sein sollte.

Die Ausführungen zur Silikatverwitterungsrate zeigen, daß topographische und besonders petrographische Faktoren geeignet sind, bei regionalen Untersuchungen die Silikatverwitterungsrate grob abzuschätzen. Zur Beschreibung der Depositionsrate im regionalen

Maßstab können topographische Faktoren verwendet werden, während im lokalen Maßstab Bestandesparameter geeignete Bezugsgrößen darstellen.

VI. LOKALE VERGILBUNGSMUSTER UND IHRE BEZIEHUNG ZU BODENCHEMISCHEN EIGENSCHAFTEN

Der folgende Teil der Arbeit greift die gezeigten regionalen Zusammenhänge zwischen der Depositionsrate von Luftverunreinigungen und der Silikatverwitterungsrate als bedeutende Größen des bodenchemischen Zustandes einerseits und die Ausprägung der Schadbilder andererseits auf und beschreibt die bodenchemischen Eigenschaften von Fichtenstandorten mit lokalen Vergilbungsmustern. Durch diese Detailuntersuchungen wird eine Anbindung an prozeßorientierte Ökosystemerforschungen versucht, wie sie aus verschiedenen Schadensgebieten vorliegen.

Lokale Vergilbungsmuster werden hier als kleinräumige, scharf abgesetzte Schadensunterschiede zwischen Bestandesteilen oder benachbarten Beständen verstanden.

Für die Nadelvergilbung wurden Beobachtungen kleinräumiger Schadensunterschiede aus den Zentren der Verbreitung mitgeteilt:

Beispiele aus dem Fichtelgebirge (FBW 1986; KAUPENJOHANN et al. 1987), aus dem Schwarzwald (ZÖTTL & MIES 1983) und aus dem Bayerischen Wald (BOSCH et al. 1983) deuten auf Zusammenhänge mit Unterschieden im Grundgestein hin. KANDLER et al. (1987) beobachteten Vergilbungsnester an wasserzügigen Rinnen am Dreisessel (1200 m ü.NN) im Bayerischen Wald. Der Autor deutet diese Vergilbungsmuster als Folge oberflächlich abfließenden Wassers, das zur Auswaschung der oberen Bodenschichten führt (KANDLER schriftl. Mittl.).

Kleinräumige Schadensmuster der Kronenverlichtung wurden bisher nicht beobachtet.

1. Großräumige Verbreitung lokaler Vergilbungsmuster

Vergilbungsmuster sind im CIR-Luftbild leicht und eindeutig zu erkennen (HARTMANN et al. 1985). Im Rahmen dieser Arbeit wurde das gesamte Luftbildmaterial des Westharzes der Jahre 1983, 1984 und 1985 auf kleinräumige Vergilbungsmuster hin untersucht. Das Ergebnis ist in Abbildung 25 dargestellt.

Der Vergleich der Vergilbungsmuster mit der Forstlichen Standortskartierung zeigte für die meisten Flächen deutliche Beziehungen zum Geländewasserhaushalt. In Quell- und Muldenstandorten wiesen Fichten erheblich geringere Vergilbungsschäden auf als die auf trockeneren Böden stockenden, benachbarten Teilbestände. Bodenchemische Untersuchungen dieser Muster durch BLANCK et al. (1988) (vgl. Abb. 25: offene Pfeile) ergaben günstigere bodenchemische Verhältnisse auf den Quellstandorten als auf den nichtquellfrischen Nachbarflächen.

In Abbildung 25 wurden diese Vorkommen als Vergilbungsmuster auf hydromorphen Standorten bezeichnet. Verbreitungsschwerpunkte dieses Typs sind die Clausthaler Hochfläche und der nördliche Gebirgsrand zwischen Goslar und Bad Harzburg.

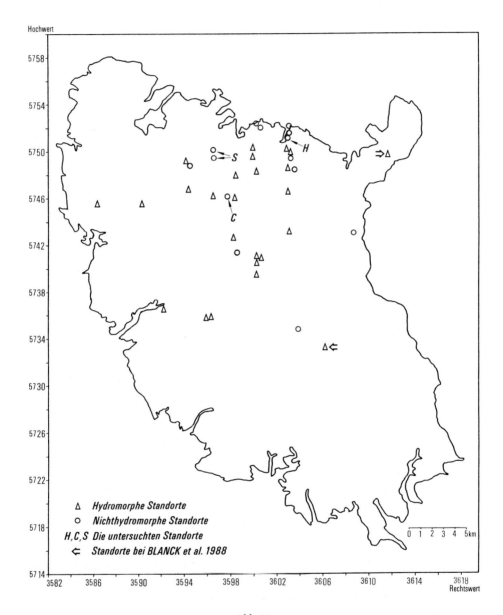

Abb. 25:
Verteilung lokaler Vergilbungsmuster im Westharz.
(Quelle: CIR-Luftbildaufnahmen der Jahre 1983, 1984, 1985;
Rechts- und Hochwerte: Gauß-Krüger-Koordinaten).

Für die anderen, im Luftbild aufgedeckten Vergilbungsmuster ließ sich kein engerer Zusammenhang zur Forstlichen Standortskartierung herstellen. Sie wurden in Abgrenzung zu den Quell- und Muldenstandorten des ersten Typs als Vergilbungsmuster auf nichthydromorphen Standorten bezeichnet.

In 10 von 12 Fällen liegen die stark vergilbten Bestandesteile auf N-NE-exponierten Hängen. Die nach Süden bzw. Südwesten geneigten Fichtenbestände vergleichbaren Alters sind erheblich geringer vergilbt. Alle Vorkommen dieses Typs östlich der Oker (Gauß-Krüger-Rechtswert 36.04) liegen auf granitischem Grundgestein. Die westlich der Oker eingetragenen Flächen befinden sich bis auf eine Ausnahme in Gesteinen des unteren und mittleren Devons.

Ein Standort im Okergranit und zwei Standorte aus dem Unter- und Mitteldevon wurden exemplarisch zur Untersuchung ausgewählt (vgl. Abb. 25 H, S, C).

2. Untersuchung ausgewählter Standorte

2.1 Untersuchungsflächen

Die Untersuchungsflächen liegen in den Forstämtern Harzburg und Clausthal-Schulenberg. Jede Untersuchungsfläche (hier auch Standort genannt) hat eine schwach und eine stark vergilbte Teilfläche. Die für die Teilflächen verwendeten Abkürzungen beziehen sich auf den Anfangsbuchstaben des Forstamtes und das Ausmaß der Schädigung. Es wird unterschieden zwischen wenig (u) und stark vergilbten (g) Teilflächen.

2.1.1 Lage und Bestandeseigenschaften

Standort Harzburg

Die Teilflächen H(u) und H(g) liegen im oberen Okertal ca. 2 km südlich von Oker/Harlingerode am nördlichen Harzrand. Der nach Westen geneigte Talhang der Oker ist in diesem Gebiet in zahlreiche Rippen gegliedert, an deren nordexponierter Flanke die dort stockenden Fichtenbestände starke Vergilbungen aufweisen. Die topographische Lage der beiden Teilflächen ist in Abbildung 26 dargestellt. Der Blick aus der Hauptwindrichtung Südwest verdeutlicht die Prallhanglage der wenig vergilbten Teilfläche H(u). Der stark vergilbte Bestandesteil des Nordhanges ist aus dieser Betrachtungsrichtung nicht zu erkennen. Er liegt im Lee der vorspringenden Rippe.

Am Standort Harzburg (Abt. 430b1) stocken auf beiden Teilflächen 78-jährige Fichten *(Picea abies)*. Die Fichten haben laut Betriebswerk vom 1.10.1988 eine Oberhöhe von etwa 23.6m und sind der Leistungsklasse 8 zuzuordnen. Die Bestockung wurde im Luftbild am Südhang mit B° 0.9, am Nordhang mit B° 0.8 angegeben.

Standort Clausthal

Die Teilflächen des Standorts Clausthal C(u) und C(g) befinden sich am südöstlichen Hangfuß des Altetalkopfes (690 m ü.NN), einer der höchsten Erhebungen des Nordharzes. Die stark vergilbte Teilfläche stockt auf dem Rücken des Riedels zwischen dem ‚Alten Tal' und dem ‚Riesenbachtal' (Abb. 27), deren Bäche zum Okerstausee entwässern. Der wenig

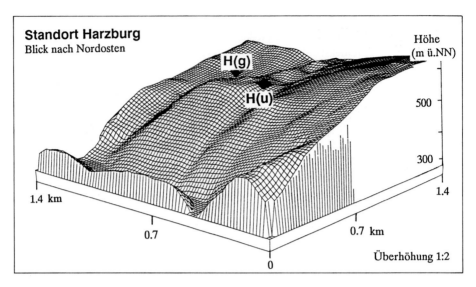

Abb. 26:
Topographische Lage der Teilflächen H(u) und H(g) am Standort Harzburg.

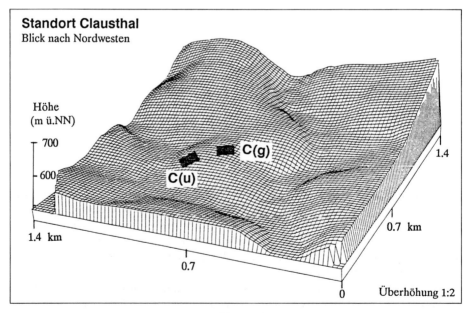

Abb. 27:
Topographische Lage der Teilflächen C(u) und C(g) am Standort Clausthal.

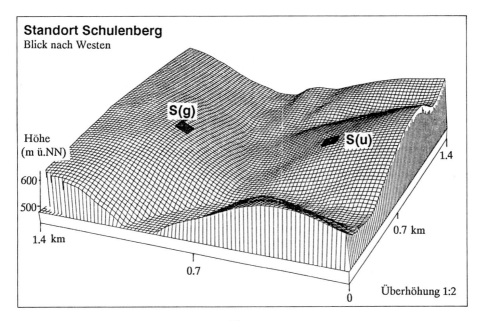

Abb. 28:
Topographische Lage der Teilflächen S(u) und S(g) am Standort Schulenberg.

vergilbte Bestandesteil liegt in unmittelbarer Nähe von C(g) in südwestexponierter Hanglage.

Auf beiden Teilflächen (Abt. 315b) stocken 67-jährige Fichten *(Picea abies)* in Reinbeständen der Leistungsklasse 10. Sie erreichen eine durchschnittliche Oberhöhe von 24,2 m. Der Bestockungsgrad wurde bei der Luftbildauswertung 1985 mit 0.8 bestimmt.

Standort Schulenberg

Die Teilflächen S(u) und S(g) liegen im unteren Talabschnitt der Langen Bramke (Abb. 28). Das Tal verläuft in W-E-Richtung. In diesem Gebiet treten am nord- und nordostexponierten Hang und in Kuppenlage des Straußberges (630 m ü.NN) großflächig Vergilbungsschäden auf. Die gegenüberliegenden südexponierten Bestände am Dicken Kopf (660 m ü.NN) sind deutlich schwächer vergilbt. Die beiden Teilflächen befinden sich in gleicher Höhenlage mit 580 m ü.NN im mittleren Hangabschnitt.

Der südexponierte Hang (Abt. 363a) ist mit 82-jährigen Fichten *(Picea abies)* der Leistungsklasse 9 dicht (B° 1.0) bestockt. Sie erreichen eine mittlere Oberhöhe 26,6 m. Der gegenüberliegende Reinbestand (Abt. 357a) ist ein 90-jähriges Fichtenaltholz der Leistungsklasse 8 mit einer Oberhöhe von 25,5 m und einem Bestockungsgrad von 0.8.

2.1.2. Böden

Die Böden der Untersuchungsflächen werden durch die beiden nachstehenden Profilbeschreibungen charakterisiert. Die Kartierung erfolgte nach Anleitung der Forstlichen Standortsaufnahme (1980).

Der Standort Harzburg ist bodentypologisch eine stark podsolige Braunerde im geologischen Substrat des Okergranits. In der Humusauflage hat sich ein rohhumusartiger Moder ausgebildet. Ein wichtiger Unterschied gegenüber dem Profil der Standorte Clausthal und Schulenberg ist eine stärkere Podsolierung des Oberbodens.

Der vorherrschende Bodentyp der Standorte Clausthal und Schulenberg ist eine podsolierte Braunerde in einer Fließerde aus quarzitischem Schiefer. Die organische Auflage bildet feinhumusarmer Moder.

Die stark- und wenig vergilbten Teilflächen weisen auf allen Standorten keine oder nur geringfügige Unterschiede der Profilmorphologie auf.

Standort: Harzburg
Bodentyp: stark podsolige Braunerde
Humusform: rohhumusartiger Moder

Horizont	Tiefe	Bodenart	Skelett	Durchwurzelung
OL	10– 7			
OF	7– 3			
OH	3– 0			
Ae	0– 4	suL	15%	w'
Bsv	4– 8	slU	20%	w'
Bv	8–35	slU	30%	w

Standorte: Schulenberg / Clausthal
Bodentyp: podsolige Braunerde
Humusform: feinhumusarmer Moder

Horizont	Tiefe	Bodenart	Skelett	Durchwurzelung
OL	5– 4			
OF	4– 1			
OH	1– 0			
Aeh	0– 2	uL	w	
Bv1	2–35	uL	20%	w'
Bv2	35–60	suL	35%	w"

2.2 Datenbasis

2.2.1 Luftbildinterpretation

Die Schadensansprache der Fichtenkronen erfolgte vom Autor in CIR- Luftbildern der Jahre 1984 (Standort Harzburg) und 1985 (Standort Clausthal, Standort Schulenberg). Die Ausprägung der Schadsymptome wurde an jedem Baum der Teilfläche bewertet. Zur Klassifikation wurde der bei HARTMANN & UEBEL (1986) beschriebene Luftbild-Interpretationsschlüssel verwendet. Die Schadstufen entsprechen im wesentlichen denen der terrestrischen Waldschadenserhebung (vgl. Tab. 4).

Der Vergleich der aus CIR-Luftbildern erhobenen Schadensdaten verschiedener Jahre mit bodenchemischen Analysen, deren Probengewinnung im Dezember 1986 liegt, ist unbedenklich. Dies belegt die Luftbildbefliegung 1988. Die typischen Schadensmuster der drei bearbeiteten Standorte sind unverändert.

2.2.2 Gewinnung und Auswertung der Bodendaten

Probennahme

An jedem Standort wurde im schwach- und stark vergilbten Bestandesteil eine 50 m × 50 m große Fläche zur Probnahme und Schadenserhebung festgelegt. Bei der Auswahl der Entnahmepunkte und der Gewinnung des Bodens wurde folgendermaßen verfahren:
- Schematische Bestimmung von 16 Punkten pro Fläche mit Hilfe eines Gitternetzes,
- Zufällige Auswahl von 10 Punkten,
- Lokalisierung der Untersuchungsflächen im Gelände, Einmessen der Probenpunkte (Schrittmaß) und Markierung der den Probenpunkten am nächsten stehenden Bäume,
- Probennahme in einer Bodentiefe von 5–15 cm und im Abstand von 1 m zu den markierten Bäumen im Dezember 1986,
- Bildung von Mischproben aus 4 Profilen.

Chemische Analyse

Die Vor- und Aufbereitung der Bodenproben wurde durch den Autor vorgenommen. Ihre chemische Analyse erfolgte im Institut für Bodenkunde und Waldernährung durch Mitarbeiter des Instituts. Die Analyseverfahren sind detailliert bei MEIWES et al. (1984) beschrieben und werden hier kurz zusammengefaßt.

– Gleichgewichtsbodenlösung (GBL)

Die austauschbaren Kationen H^+, Na^+, Mg^{2+}, Fe^{2+} und Al^{3+} wurden am Atomabsorptionsspektrometer (AAS) in der Flamme bestimmt. Die Messung von NH_4-, NO_3-, Cl- und PO_4^{2-} erfolgte photometrisch im kontinuierlichen Durchflußverfahren am Auto-Analyser. Der pH-Wert wurde mittels Glaselektrode bestimmt. Al^{3+}-Gehalte der Bodenlösung wurden über ein Rechenmodell unter Berücksichtigung chemischer Gleichgewichtskonstanten abgeschätzt. Die Analysenergebnisse werden in mg/l angegeben.

– Effektive Austauschkapazität (Ake)

Der nach der Bestimmung der GBL verbleibende Boden wurde getrocknet und zur Bestimmung der effektiven Austauschkapazität verwendet. Der Austausch der Ionen erfolgte durch 1 N NH_4 CL-Lösung. Die Elementgehalte wurden wie bei der GBL am AAS bestimmt. Die Ionenbelegung der Bodenfestphase wird in Prozent der effektiven Austauschkapazität angegeben und als XS-Wert bezeichnet.

Statistische Auswertung

5 der 6 Untersuchungsflächen werden durch 10 Mischproben der gleichen Bodentiefe repräsentiert. Eine Probe der Fläche S(g) mußte aufgrund von Verunreinigungen verworfen werden.

Die statistische Auswertung erfolgte mit Hilfe des Programmpakets SPSSX. Die Prüfung der Mittelwertsunterschiede von ‚wenig vergilbter' und ‚stark vergilbter' Teilfläche wurde mit Student's-T-Test für unabhängige Stichproben durchgeführt (SACHS 1969). Werte mit einer Irrtumswahrscheinlichkeit von weniger als 5% werden als signifikant verschieden gewertet.

Im Kapitel 2.3.2.3 werden für die Vergilbung wichtige bodenchemische Zusammenhänge in Streuungsdiagrammen veranschaulicht. Die Streuungsdiagramme sollen im Zusammenhang mit dem bodenchemischen Prozeßverständnis interpretiert werden.

2.3 Ergebnisse

2.3.1 Schädigung der Untersuchungsbestände

Die Schädigung der Versuchsflächen wird durch den Anteil vergilbter Bäume (vgl. Tab. 4) dargestellt (Tab. 12).

Am Nordhang H(g) des Standorts Harzburg sind 75% der Fichten vergilbt. Die Fläche am südexponierten Hang H(u) ist deutlich schwächer betroffen. Vergilbte Fichten treten hier verstärkt im unteren Hangabschnitt auf.

Tabelle 12:
*Anteil (%) vergilbter Bäume (Einzelbaumauswertung) in den schwach und stark geschädigten Bestandesteilen der Standorte Harzburg (H), Clausthal (C) und Schulenberg (S).
(u = wenig vergilbt; g = stark vergilbt).*

Teilfläche	H(u)	H(g)	C(u)	C(g)	S(u)	S(g)
Vergilbung	29	75	31	81	32	70

81% der Fichten des Bestandes C(g) sind z.T. stark vergilbt. Dem stehen 31% vergilbter Fichten auf der Teilfläche C(u) gegenüber, die sich im westlichen Teil des Bestandes konzentrieren.

Am Standort Schulenberg sind 70% des Bestandes S(g) von Vergilbungsschäden betroffen. Am dichter bestockten Südhang wurden 32% der Fichtenkronen als vergilbt bewertet. Die Vergilbung häuft sich im Bestand S(u) im westlichen unteren Abschnitt der Teilfläche.

2.3.2 Ergebnisse der bodenchemischen Untersuchungen

Die Beschreibung und Bewertung der bodenchemischen Daten und ihrer Beziehung zur Vergilbung der Fichten erfolgt in Anlehnung an die von ULRICH (1981, 1983, 1987) entwickelte Theorie zur Stabilität und Elastizität von Waldökosystemen und mit Hilfe der daraus abgeleiteten ökochemischen Kennwerte.

Der Waldboden ist als Wurzelraum und als bedeutendes Kompartiment chemischer Reaktionen mit der aufstockenden Baumvegetation verbunden und in den Stoffkreislauf von Waldökosystemen eingebunden.

Das chemische Milieu des Bodens wirkt durch die Konzentration der Ionen und die Relationen der Elemente auf das Angebot von Nährstoffen und auf die Aufnahmebedingungen an der Wurzel ein. Alle chemischen Veränderungen können zur Beeinflussung des Nährstoffangebots und der Aufnahmemöglichkeiten führen und damit Auswirkungen auf der Ebene des Organismus haben (ULRICH 1984).

Bei den bodenchemischen Kennwerten ist grundsätzlich zwischen Kapazitäts- und Intensitätsgrößen zu unterscheiden.

Kapazitätsgrößen wie beispielsweise die Gehalte austauschbarer Kationen zeigen eine geringe zeitliche Variabilität. Intensitätsgrößen wie der pH-Wert oder Ionenrelationen der Bodenlösung dagegen unterliegen einer starken zeitlichen Schwankung. Aussagen zur Bodenlösung beziehen sich daher auf den aktuellen chemischen Bodenzustand (MEIWES et al. 1984).

Ein Ökosystem kann nach ULRICH (1984) nur dann als stabil beschrieben werden, wenn sich Kapazitätsgrößen in einem quasistationären Zustand befinden. Die Veränderung kapazitiver Größen wie der austauschbar gebundenen Kationen ist ein wesentliches Maß zur Definition der Bodenversauerung (van BREEMEN et al. 1983).

Die Elastizität beschreibt nach ULRICH (1987) aus stofflicher Sicht eine Eigenschaft des Ökosystems, Veränderungen des quasistationären Zustands so entgegenzuwirken, daß die im System lebenden Organismen nicht gefährdet werden. Als Kriterien zur Abschätzung der Elastizität eignen sich Intensitätsfaktoren und hier besonders ihre Relationen zueinander. Als Beispiel sei das molare Ca/Al- Verhältnis zur Abschätzung der Al-Toxizität für Wurzeln genannt.

2.3.2.1 Effektive Austauschkapazität

Die effektive Austauschkapazität (Ake) ist eine kapazitive Größe. Sie stellt den mobilisierbaren Ionenpool im Boden dar (MEIWES et al. 1984). Ihr basischer Kationenanteil fungiert als Nährstoffspeicher im Stoffkreislauf von Waldökosystemen. Das Verhältnis austauschbarer Alkali- und Erdalkalikationen zu kationischen Verbindungen von Mangan, Aluminium und Eisen, die in der Bodenlösung als Säuren reagieren, ist außerdem ein wichtiges Merkmal des Base/Säure-Zustands des Bodens (ULRICH 1988).

Die Unterschiede in der effektiven Austauschkapazität der Standorte wird in Abbildung 29 verdeutlicht. Die Ake der Teilflächen C(u) und C(g) ist etwa doppelt so hoch wie in den Böden des Okergranits. Auch die Werte des Standorts Schulenberg liegen deutlich über denen der Harzburger Flächen. Dieser markante Kapazitätsunterschied hängt mit dem höheren Tonanteil des Substrats zusammen.

Die Äquivalentanteile austauschbarer Kationen in Prozent (XS) der effektiven Austauschkapazität sind in Tabelle 13 angegeben. Die Böden aller Untersuchungsflächen sind als stark versauert einzustufen. Die Ca-Sättigung der Austauscher liegt zwischen 1 und 2%. Die Mg-Werte schwanken um 0,5%. Die pH-Werte (Tab. 14) befinden sich in allen Profilen unterhalb von 4.2 und damit im Aluminium-Pufferbereich (ULRICH 1981). Im Al-Pufferbreich werden Protonen durch die Auflösung von Aluminiumhydroxiden konsumiert und Aluminium ist das dominierende Kation am Kationenaustauscher und in der Bodenlösung. Die Elastizität gegenüber Säuretoxizität bei Standorten mit einer Ca+Mg-Sättigung von < 5% wird von MEIWES et al. (1984) als gering eingeschätzt. Die drei Standorte sind in diese Gruppe

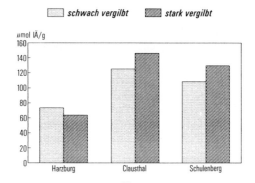

Abb. 29:
Effektive Kationenaustauschkapazität der Bodenfestphase in den schwach- und stark vergilbten Teilflächen. (Bodentiefe 5–15 cm).

einzuordnen. Unterschiede im Ca+Mg-Gehalt der Standorte und ihre verschiedenen pH-Werte sind unter dem Gesichtspunkt der Gefährdung durch Säuretoxizität auf der Grundlage ihrer austauschbaren basischen Kationen nur als graduelle Differenzierungen zu werten.

Die Anteile basischer Kationen sind auf den Teilflächen der Standorte Clausthal und Schulenberg ähnlich. An beiden Standorten ist der Mg-Anteil der Austauscherbelegung im stark vergilbten Bestand signifikant niedriger. Die Kaliumanteile sind ebenfalls signifikant (Clausthal) bzw. der Tendenz nach (Schulenberg) verschieden.

Tabelle 13:
Mittelwerte der Äquivalentanteile austauschbarer Kationen (in 1 N NH$_4$Cl ungepuffert). Bodentiefe 5–15 cm; n = 10, S(g) n = 9;
*Signifikanzniveau der Unterschiede von (u) und (g)-Werten: ** = < 0.01, * = < 0.05.*

Teil-fläche	Na	K	Ca	Mg	Fe	Mn	Al	H
H(u)	0.8	1.4	2.1	0.5	4.2 **	0.2 **	90.7	0.0
H(g)	0.8	1.4	2.1	0.5	0.3	3.5	91.3	0.0
C(u)	0.5	1.2 **	1.3	0.5 **	0.2 **	5.0 **	87.8 **	3.6 **
C(g)	0.3	0.8	1.3	0.4	0.6	8.0	79.1	9.5
S(u)	0.5	1.1	1.5	0.7 **	0.5	3.5 *	90.5	1.7
S(g)	0.5	0.9	1.2	0.4	0.8	5.4	86.1	4.9

Tabelle 14:
*Mittelwerte der Elementkonzentrationen in der Gleichgewichtsbodenlösung.
Bodentiefe 5–15 cm; n = 10, S(g) n = 9; Signifikanzniveau s. Tab. 13.*

Teil-fläche	pH	pH (CaCl$_2$)	Na	K	Ca	Mg	Fe	Mn	Al	NH$_4$-N	SO$_4$-S	NO$_3$-N	Cl	molCa molAl	molMg molAl
			-------	-------	-------	-------	-------	mg/l -------	-------	-------	-------	-------	-------		
H(u)	4.2	4.2	4.3 *	2.9 *	4.7	1.4	0.4	0.2 **	6.1 *	0.5	14.6	0.8 **	8.6 **	0.55	0.26 **
H(g)	4.1	4.4	3.1	1.9	5.2	1.4	0.2	3.4	8.3	0.4	15.8	5.4	5.2	0.44	0.20
C(u)	3.9 **	3.8 *	2.2	2.5	2.7	1.1 **	0.3 **	5.1 *	5.2	0.5	9.4	4.7	6.1	0.36	0.24 **
C(g)	3.7	3.5	1.9	3.2	2.3	0.6	0.8	7.8	5.5	0.4	8.1	4.3	5.2	0.28	0.13
S(u)	4.0	4.0	2.4	1.5	4.4	1.6 **	0.4	3.4 *	5.3	0.2	11.6 *	3.9 *	5.3	0.58	0.35 **
S(g)	3.9	3.8	2.0	1.6	3.3	0.6	1.0	4.2	4.0	0.1	9.6	2.0	4.7	0.50	0.17

Die Teilflächen im Okergranit dagegen zeigen am Nord- und Südhang identische Anteile von Kalium, Calzium und Magnesium. Die K- und Ca-Sättigung beider Teilflächen ist im Vergleich zu den Standorten Clausthal und Schulenberg höher.

Zwischen 80 und 90% der Austauscherplätze sind durch Aluminium belegt. Beim Vergleich der Einzeldaten heben sich, wie bei der Basensättigung, die Standorte Clausthal und Schulenberg deutlich von den Untersuchungsflächen im Okergranit ab. Unter Abschwächung der Al-Gehalte ist in diesen Böden die Protonenbelegung der stark vergilbten Bestandesteile signifikant oder im Trend höher. In gleicher Weise nimmt die Mn-Sättigung der vergilbten Flächen signifikant zu. Eisen zeigt ebenfalls einen Anstieg in den stärker geschädigten Bestandesteilen.

Die Daten des Standorts Harzburg zeigen für die Kationsäuren der Bodenfestphase im Vergleich der Teilflächen eine Umbelegung des Austauschers. Signifikant höheren Mn-Gehalten am stark vergilbten Nordhang steht eine Zunahme des Fe-Anteils von 0.3% auf 4.2% auf dem weniger vergilbten Südhang gegenüber. Derartig hohe Eisenwerte werden auf keiner der anderen Teilflächen erreicht.

2.3.2.2 Gleichgewichtsbodenlösung

Die Elementkonzentrationen der quantitativ bedeutendsten Kationen und Anionen in der Gleichgewichtsbodenlösung sind in Tabelle 14 dargestellt. Als Kenngröße zur Abschätzung von Al- und Protonenstreß (ROST-SIEBERT 1983) ist das molare Ca/Al-Verhältnis aufgeführt. Magnesiumstreß kann durch das molare Mg/Al-Verhältnis beschrieben werden (JORNS & HECHT-BUCHHOLZ 1985; MEIWES et al. 1984).

Wie bei der Belegung der Bodenfestphase zeigen die Teilflächen der Standorte Clausthal und Schulenberg vergleichbare Trends bei der Konzentration basischer Kationen. Magnesium nimmt auf beiden stark vergilbten Teilflächen signifikant auf 0.6 mg/l ab. Die Kalziumkonzentration zeigt eine ähnliche Tendenz mit den geringsten Gehalten am Standort Clausthal. Im Okergranit ist für diese Elemente kein Unterschied festzustellen. Die Messungen von Kalium dagegen zeigen signifikant höhere Werte am Südhang.

Aluminium ist das dominierende Kation in der Bodenlösung. Die höchsten Werte wurden auf den Teilflächen im Okertal gefunden. Die Konzentration in der Bodenlösung des Nordhanges ist mit 8.3 mg/l signifikant höher als am Südhang. Die Al-Werte der anderen beiden Standorte liegen bei 5 mg/l. In Schulenberg sind sie am südexponierten Hang signifikant höher. Mangan zeigt eine große Schwankungsbreite mit höheren Konzentrationen in den stark vergilbten Beständen. Die Manganwerte von Clausthal und Schulenberg erreichen auch auf den schwach geschädigten Flächen die Konzentration des stark vergilbten Bestandes im Okertal. Auch Eisen weist in Clausthal und Schulenberg höhere Konzentration auf den stark geschädigten Flächen auf. Am Standort Harzburg ist die mittlere Eisenkonzentration der Fläche H(u) mit 0.4 mg/l doppelt so hoch wie am Nordhang H(g).

Sulfat ist das quantitativ bedeutendste Anion der Bodenlösung. Die höchsten Werte wurden, wie für Aluminium, auf den Teilflächen im Okertal gefunden. Mit 15,8 mg/l ist der Wert am Nordhang geringfügig höher als am Südhang. In Clausthal und Schulenberg weisen die schwach geschädigten Bestände die höheren Sulfat-Werte auf. Der Unterschied zur stark geschädigten Teilfläche ist für Schulenberg signifikant. Das gleiche gilt für Nitrat. Die höchste Konzentration wurde mit 5,4 mg/l am Nordhang des Standorts Harzburg gefunden. Dieser Wert unterscheidet sich deutlich von der mittleren Nitratkonzentration von 0,9 mg/l des Südhanges.

Natrium und Chlorid zeigen auf allen Standorten eine Erhöhung in den weniger geschädigten Beständen. Die insgesamt höchsten Werte sind für beide Elemente auf der Teilfläche H(u) festzustellen. Sie unterscheiden sich signifikant von der Konzentration am Nordhang.

Die molaren Ca/Al-Verhältnisse bewegen sich im Bereich zwischen 0,3 und 0,6. Alle Standorte weisen höhere Werte auf den schwach geschädigten Flächen auf. Das molare Mg/Al-Verhältnis ist auf allen stark vergilbten Teilflächen signifikant enger als in den schwach vergilbten.

2.3.2.3 Zur Bedeutung des molaren Mg/Al-Verhältnisses

Die Ergebnisse zeigten bisher u.a. Unterschiede in Mg-Belegung des Austauschers und im molaren Mg/Al-Verhältnis der Bodenlösung als Hinweise einer kleinstandörtlich wechselnden Mg-Versorgung. Im Folgenden werden gebietstypische Ionenbeziehungen beschrieben, die mit den Mg/Al-Verhältnissen im Zusammenhang stehen. Die Gesamtgehalte von Aluminium in der Bodenlösung werden in den Darstellungen als dreiwertig angenommen.

Standort Harzburg

Die Magnesium-Werte am Austauscher und in der Gleichgewichtsbodenlösung sind auf den Teilflächen des Nord- und Südhanges gleich (Tab. 13 u. 14). Das engere Mg/Al-Molverhältnis im stark vergilbten Bestand H(g) kann daher auf die signifikant höhere Aluminiumkonzentration zurückgeführt werden. Die Aluminiumkonzentration zeigt einen engen Zusammenhang mit der SO_4+NO_3-Konzentration als Maß der Säurebelastung des Bodens, wie Abbildung 30 verdeutlicht. Des weiteren verdeutlicht das Diagramm eine höhere Belastung der Teilfläche am Nordhang. 7 der 8 mehr als 1300 µeq/l SO_4+NO_3 aufweisenden Proben

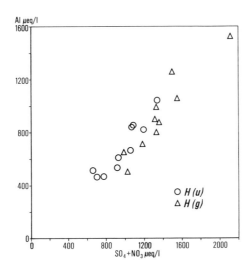

Abb. 30:
Zusammenhang zwischen der Sulfat- und Nitratkonzentration und der Aluminiumkonzentration in der Bodenlösung am Standort Harzburg.
(Bodentiefe 5–15 cm).

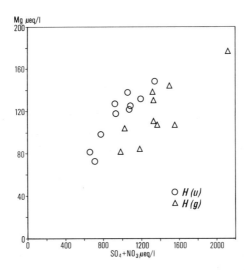

Abb. 31:
Zusammenhang zwischen der Sulfat- und Nitratkonzentration und der Magnesiumkonzentration in der Bodenlösung am Standort Harzburg.
(Bodentiefe 5–15 cm).

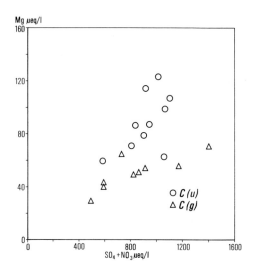

Abb. 32:
Zusammenhang zwischen der Sulfat- und Nitratkonzentration und der Magnesiumkonzentration in der Bodenlösung am Standort Clausthal.
(Bodentiefe 5–15 cm).

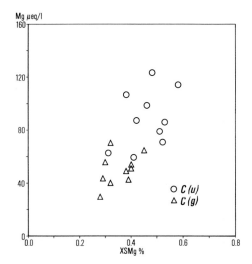

Abb. 33:
Zusammenhang zwischen der Magnesiumsättigung der Bodenfestphase und der Magnesiumkonzentration der Bodenlösung am Standort Clausthal.
(Bodentiefe 5–15 cm).

stammen vom stärker vergilbten Bestand H(g). Besonders in den Spitzenwerten ist dieser Belastungsunterschied das Ergebnis der signifikant höheren Nitratkonzentration. Im Boden des südexponierten, schwächer vergilbten Bestandes korrelieren die 4 Probenpunkte mit einer Al-Konzentration von > 750 µeq/l mit den höchsten Sulfat-Werten.

Auch die Magnesiumkonzentration steigt auf beiden Teilflächen mit zunehmender Säurebelastung (Abb. 31), wobei am Südhang im Trend mehr Magnesium in Lösung geht als am Nordhang. Bei hoher Belastung reicht diese Zunahme bei gleichzeitigem Anstieg der Al-Konzentration nicht aus, das Mg/Al-Molverhältnis in einem günstigen Bereich von > 0,2 (nach JORNS & HECHT-BUCHHOLZ 1985) zu halten.

Standort Clausthal

Die Aluminium-Konzentration der Bodenlösung ist auf den Teilflächen C(u) und C(g) gleich. Für Magnesium ist eine Zunahme der Lösungskonzentration mit steigender Säurebelastung festzustellen (Abb. 32). Die Proben des stark und schwach vergilbten Bestandesteils unterscheiden sich in Lage und Steigung der Punktwolken. Sulfat und Nitrat werden auf der Fläche C(u) deutlich stärker über Magnesium-Austausch abgepuffert. Dies führt bei gleicher Säurebelastung und vergleichbaren Aluminiumkonzentrationen zu einem weiteren Mg/Al-Verhältnis. Die höhere Mg-Konzentration der Bodenlösung hängt mit dem signifikant höheren Äquivalentanteil von Magnesium an der Bodenfestphase zusammen und zeigt sich im Streuungsdiagramm in zwei deutlich abgesetzten Punktwolken (Abb. 33).

Standort Schulenberg

Der für Clausthal aufgezeigte kleinräumige Unterschied der Mg-Versorgung ist am Standort Schulenberg noch deutlicher (Abb. 34). Die höhere Sättigung auf der Teilfläche S(u) ermöglicht eine stärkere Pufferung durch Magnesiumaustausch selbst bei hohen SO_4+NO_3-

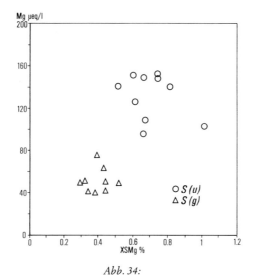

Abb. 34:
Zusammenhang zwischen der Magnesiumsättigung der Bodenfestphase und der Magnesiumkonzentration der Bodenlösung am Standort Schulenberg.
(Bodentiefe 5–15 cm).

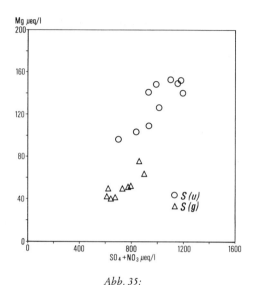

Abb. 35:
Zusammenhang zwischen der Sulfat- und Nitratkonzentration und der Magnesiumkonzentration in der Bodenlösung am Standort Schulenberg.
(Bodentiefe 5–15 cm).

Konzentrationen, wie die Lage und die Steigung der beiden Punktwolken in Abbildung 35 veranschaulichen. Die Unterschiede im Magnesiumpool der Bodenfestphase und der Lösung sind markant, so daß sie trotz signifikant höherer Aluminiumkonzentration (Tab. 14) das Mg/Al-Molverhälnis im Bestand S(u) günstig halten.

Das molare Mg/Al-Verhältnis ist damit nach den vorliegenden bodenchemischen Ergebnissen geeignet, die aktuellen Mg-Versorgung der Fichtenbestände zu beschreiben. Als Steuergröße dieses Parameters scheint bei Standorten mit hoher effektiver Austauschkapazität die Mg-Sättigung der Bodenfestphase von primärer Bedeutung zu sein, während in Böden mit geringer Ake die Bodenlösungskonzentration von Sulfat und Nitrat wesentlich das Mg/Al-Verhältnis beeinflussen.

VII. DISKUSSION UND SCHLUSSFOLGERUNGEN

Die Verteilung der zentralen Schadensmerkmale „neuartiger Waldschäden" im regionalen Maßstab und die bodenchemischen Ergebnisse an Standorten mit kleinräumigen Vergilbungsmustern geben zahlreiche Hinweise darauf, daß die Silikatverwitterung und die Deposition von säurebildenden Luftschadstoffen mit der Schadensverteilung verknüpft sind. Die beiden Prozesse können mit Hilfe topographischer und petrographischer Faktoren und über Bestandesmerkmale grob abgeschätzt werden (Kap. V.). Auf dieser Grundlage werden die wichtigsten Einzelergebnisse im folgenden Kapitel diskutiert.

1. Zu den regionalen Mustern der Schadensverteilung

Die regionalen Muster der Schadbilder werden an zwei „Schadensprofilen" durch das nördliche und westliche Untersuchungsgebiet besprochen.

Die Vergilbung der Bestände in den geologischen Einheiten des nördlichen Harzes ist in Abb. 36 dargestellt. Die angegebenen Daten sind Mittelwerte aller Bestände des entsprechenden Stratums. Nur für die Kulmgrauwacke wurden allein die Bestände auf der Hochfläche östlich von Clausthal verwendet.

Die Darstellung zeigt für die Hochflächenlagen (Granit, Gabbro, Grauwacke) eine Schadensdifferenzierung mit schwachen Vergilbungsschäden in Beständen über Gabbro und einer deutlichen Zunahme dieses Schadbildes über Grauwacke und Granit. Der Gabbro wurde als basenreiches Gestein beschrieben.

BOUMAN (Diss. in Vorb.) untersuchte die Bodenchemie verschiedener geologischer Einheiten des Nordwestharzes. Die effektive Austauschkapazität zeigt für Granit- und Grauwackenstandorte eine kontinuierliche Abnahme austauschbaren Magnesiums und Kalziums mit zunehmender Bodentiefe auf Werte um 2% (35–70 cm Tiefe). Der Ca+Mg-Anteil am Austauscher des Gabbroprofile steigt dagegen mit zunehmender Bodentiefe auf 20%. Dieser Sättigungsunterschied verdeutlicht eine geogen variierte gute Basenversorgung von Gabbrostandorten, während die Böden über Grauwacken und Graniten schon tiefgründig versauert sind.

Die Verdopplung der Nadelvergilbung in Beständen beider Altersgruppen des Kahlebergsandsteins im Vergleich zum Wissenbacher Schiefer geht einher mit einem deutlichen Unterschied im MgO-Gehalt des Gesteins (Tab. 11). Die Grenze des Vergilbungszentrums im Kahlebergsandstein (Abb. 6) läuft über weite Strecken annähernd gleichsinnig mit der Grenze zwischen den beiden geologischen Einheiten. Beide Befunde sprechen daher wegen der geringen orographischen Unterschiede der Gebiete hauptsächlich für eine geogen variierte Schadensdifferenzierung.

Die Schädigung von Beständen im westlichen Teil des Untersuchungsgebietes ist an einem Profil vom Gebirgsrand (Herrhausen, südl. Seesen) zur Hochfläche (Altenau) dargestellt. Bei den Daten, die für die Darstellung verwendet wurden, handelt es sich um mittlere Schadstufenanteile der pro Flugstreifen ausgewerteten Bestände. Auf der Clausthaler Hochfläche

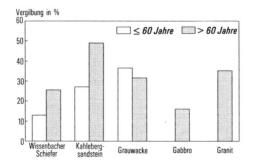

Abb. 36:
Anteil der Nadelvergilbung in Beständen verschiedener Gesteinseinheiten am nördlichen Harzrand. (Stichprobennahme s. Text)

wurden alle Bestände zusammengefaßt, um eine dem Gebirgsrand vergleichbare Stichprobenzahl zu haben. Diese Zusammenfassung ist für den Kurvenverlauf des „Profils" unerheblich, weil sich die Bestände dieses Gebietes hinsichtlich der Schadensintensität und Symptomatik nur wenig unterscheiden (Abb. 8–11).

Die Abbildungen 37a und 37b veranschaulichen für beide Altersgruppen einen kontinuierlichen Anstieg der Nadelvergilbung vom Gebirgsrand zur Hochfläche, während der Anteil der Kronenverlichtung in Beständen der Hochfläche sich im Vergleich zum Gebirgsrand deutlich verringert.

Im gesamten Gebiet entlang des „Schadensprofils" steht Grauwacke an. KRASEMANN (1957) untersuchte das Gestein und seine Verwitterungsprodukte in diesem Gebiet auf mögliche Unterschiede, die für die forstliche Planung von Bedeutung sind. Die von KRASEMANN bearbeiteten Standorte liegen am westlichen Harzrand, in Kuppenlagen der westlichen Gebirgsabdachung und im Gebirgsinneren auf der Clausthaler Hochfläche. Seine Ergebnisse sind auf das gezeigte „Schadensprofil" anwendbar.

Die mineralogische und chemische Analyse zeigte keine nennenswerten Unterschiede zwischen Gesteinen des Gebirgsrandes und der Innenlage (KRASEMANN 1957). Die Bodenchemie der Kulmgrauwacke wurde intensiv von BOUMAN (Diss. in Vorb.) untersucht. Die Gehalte von Kalzium und Magnesium an der effektiven Austauschkapazität in 15–35 cm Bodentiefe nehmen von 1,3% in Böden der Hochfläche auf 2,9% in Böden der Kuppenlagen

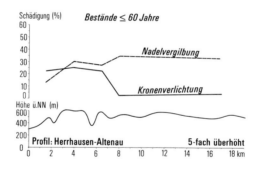

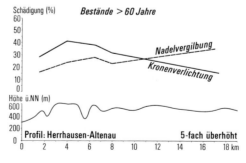

Abb. 37:
Verteilung der Nadelvergilbung und der Kronenverlichtung durch Nadelverluste in ≤ 60-jährigen (a) und > 60-jährigen (b) Beständen entlang eines West-Ost-Profils im Westharz.
(Stichprobennahme s. Text).

Tabelle 15:
Mittelwerte der Sulfatkonzentration ($\mu eq/l$) in Quellen und Bachwässern des Nordwestharzes entlang eines Schädigungsgradienten. (Daten aus ALICKE 1974; einmalige Beprobung während eines Niedrigwasserabflusses).

Meß-werte		Seesen (Unterhang)		Seesen (Kuppe)		Lautenthal (Hochfläche)		Clausthal (Hochfläche)	
$\bar{x}$	(n)	1029	(5)	833	(11)	769	(10)	752	(8)
min.	max.	792	1312	625	1083	666	938	479	1145

zu. Die geringere Basensättigung der Böden auf der Hochfläche zeigt an, daß die Vorräte bis auf einen, vermutlich fest am Austauscher gebundenen Rest (vgl. HILDEBRAND 1986) zur Produktion von Biomasse oder Säurepufferung verbraucht wurden. Der derzeitige Mangel im Magnesiumvorrat des Bodens ist ein Hinweis zur Erklärung der deutlich höheren Vergilbung in Fichtenbeständen dieses Gebietes.

Depositionsmessungen zur Prüfung einer topographisch differenzierten Immissionssituation liegen für diesen Teil des Untersuchungsgebietes nicht vor.

Eine zweite grobe Möglichkeit zur Abschätzung der Depositionsrate besteht in der chemischen Analyse von Quellen und Fließgewässern. Die Sulfatkonzentration in den Gewässern wird hier als Indikator einer Belastung durch Säuredeposition verwendet.

Das gesamte Gebiet entlang des „Schadensprofils" ist überwiegend mit Fichte bestockt. KRASEMANN (1957) konnte nachweisen, daß Fichten seit 300 Jahren auf dem Gebirgsrücken des Harzrandes vorkommen und auf den Plateaulagen seit 500 Jahren wachsen. Die Homogenität der Vegetation und die sehr geringe Variabilität des Gesteins erlaubt daher Rückschlüsse von der hydrochemischen Zusammensetzung auf die chemische Zusammensetzung und Rate der Deposition.

ALICKE (1974) untersuchte die chemische Zusammensetzung aller Harzquellen. Die Quellen wurden einmalig im August oder September 1973 beprobt. Tabelle 15 zeigt Mittelwerte der Sulfatkonzentration von Quellen des Nordwestharzes.

Die Analysedaten der Quellen wurden für die Teilgebiete des Unter- und Mittelhanges, der Kuppenlagen des Gebirgsrandes und der westlichen und zentralen Hochflächen zusammengefaßt. Die angegebenen Daten sind Mittelwerte der auf diese Weise zusammengefaßten Einzelanalysen. Alle Quellen liegen in der Kulm-Grauwacke. Gewässer des Zechsteins oder des Iberger Kalkes wurden nicht berücksichtigt, da die Schwefelgehalte des Gesteins die Sulfatkonzentration der Wässer bestimmen. Die Schwefelgehalte der Grauwacke werden als vernachlässigbar angenommen.

Die Sulfatkonzentration der Gewässer zeigt am westexponierten Unter- und Mittelhang des Gebirgsrandes deutlich höhere Werte als in den Wässern der Hochflächen. Die Quellen der Kuppenlagen (Seesen) nehmen eine mittlere Position in diesem West-Ost-Gradienten ein. Die aus diesen Daten abzuleitende Annahme einer höheren Depositionsrate am exponierten Gebirgsrand gegenüber Standorten der Hochflächen stützen die Hypothese eines von West nach Ost abnehmenden Depositionsgradienten und der damit in Zusammenhang stehenden Veränderung in der Häufigkeit der Nadelverluste.

2. Zu den Schadensmustern in Teilgebieten des Westharzes

Die Schadensmuster in Teilgebieten des Westharzes weisen lokale und regionale Trends auf. Als lokal differenzierende Merkmale wirken die Bestandesparameter Alter und Schlußgrad. Als regional differenzierende Größe ist die Höhe ü.NN von Bedeutung, wie das Schadensprofil der Kronenverlichtung am Acker-Bruchberg und die Zunahme der Nadelvergilbung im Gose- und Sieberbergland und in Beständen des Torfhäuser Hügellandes erkennen läßt.

Das Alter und der Schlußgrad sind über die Bestandeshöhe und über die Rauhigkeit des Kronendaches mit Faktoren verknüpft, die die Depositionsrate wesentlich beeinflussen.

Im Untersuchungsgebiet wurde in fünf Fichtenbeständen die Freiland- und Gesamtdeposition bestimmt (HAUHS 1985; STEINSIEK 1984). Zwei der Meßflächen liegen im Innerstetal. Sie unterscheiden sich wenig in ihren Lageeigenschaften, differieren aber deutlich in ihren Bestandesmerkmalen (Tab. 16). Der Vergleich der Niederschlagsdeposition zeigt für die aufgeführten Elemente höhere Einträge am Standort Grund. Die Daten des Bestandesniederschlages dagegen weisen auf eine größere Interzeptionsleistung des Fichtenaltholzes am Standort Lautenthal hin. Als Bewertungskriterien der Interzeptionsleistung können Natrium und Chlorid verwendet werden. Für diese Elemente ist kein gasförmiger Depositionsmechanismus bekannt. Die Blattauswaschung kann ebenfalls vernachlässigt werden (MATZNER 1988). Die höhere Interzeptionsleistung ist über eine größere Nadelmasse, eine größere Bestandesrauhigkeit (B^0 0.7) und über die Bestandeshöhe des Fichtenaltholzes erklärbar.

Die Zunahme der Höhe ist mit einem Anstieg der trockenen Deposition und mit einem Anstieg nasser Deposition durch den „Seeder-Feeder-Mechanismus" verbunden. Als dritter

Tabelle 16:
Vergleich des Freiland- und Bestandesniederschlages von 2 Meßflächen im Innerstetal des Nordwestharzes 1983; Meßzeitraum von Lautenthal 3 Monate kürzer (STEINSIEK 1984).

	Standort Grund		Standort Lautenthal	
Bestandes-merkmale	Fi, 57 Jahre, B^0 1.0		Fi, 102 Jahre, B^0 0,7	
Standorts-merkmale	Mittelhang, 420m ü.NN Exposition NW		Oberhang, 490m Ü.NN Exposition W	
	Freiland	Bestand	Freiland	Bestand
pH	4.3	4.0	4.1	3.8
	Deposition (kg · ha^{-1})			
H	0.7	0.9	0.6	1.1
Na	11.6	13.9	7.4	21.9
SO_4-S	20.0	33.0	15.4	35.9
NO_3-N	9.5	12.1	7.9	17.7
Cl	20.1	28.9	12.8	47.3

Prozeß gewinnt die Interzeptionsdeposition mit zunehmender Höhe an Bedeutung. Zu diesen Prozessen liegen Daten für das Untersuchungsgebiet vor.

Die Ozonkonzentration wurde im Winter und Sommer 1980 vom TÜV Hannover im Rahmen des Immissionsmeßprogramms ›Oberharz‹ gemessen (DER NIEDERSÄCHSISCHE SOZIALMINISTER 1980). 6 der 8 Meßstationen befanden sich in einer Höhe zwischen 550 und 650 m ü.NN. Die Ozonkonzentrationen schwankten an diesen Stationen um 40 $\mu g/m^3$ Luft. An den 150 m – 200 m höher gelegenen Standorten Torfhaus (800 m ü.NN) und Sonnenberg (850 m ü.NN) wurden Mittelwerte um 50 $\mu g/m^3$ berechnet. Diese Werte liegen insgesamt niedriger als die Ozonkonzentrationen in vergleichbarer Höhenlage südwestdeutscher Mittelgebirge (OBLÄNDER & HANSS 1985, zit. beim FBW 1986), wo O_3-Konzentrationen zwischen 50–80 $\mu g/m^3$ Luft gemessen wurden. Die Bedeutung von Ozon, das allein oder im Zusammenhang mit sauren Nebeltröpfchen als Ursache der Nadelvergilbung diskutiert wird (PRINZ, et al. 1987; ZÖTTL & HÜTTL 1986), ist im Untersuchungsgebiet daher geringer einzuschätzen als im süddeutschen Raum.

Die Nebelhäufigkeit und die Windgeschwindigkeit zeigen von den drei genannten Klimaelementen den markantesten Gradienten in dem durch die Stationswahl beschriebenen Höhenprofil des Untersuchungsgebietes (Tab. 17). Besonders zwischen 550 m ü.NN und 1150 m ü.NN fällt dieser Gradient durch eine Verdreifachung der Nebelhäufigkeit auf 306 Nebeltage am Brocken und eine Verdreifachung der Windgeschwindigkeit auf fast 9 m/s an dieser Station auf. In dem Höhenabschnitt zwischen 600 m und 950 m liegen die Teiluntersuchungsgebiete Acker-Bruchberg und Torfhäuser Hügelland. Die Nadelverluste in > 60-jährigen Beständen nehmen am Acker-Bruchberg von 30% auf 70% zu, im Granit des Torfhäuser Hügellandes steigen die Vergilbungsschäden von 20% auf 50%. Dieser Anstieg der Schädigung läßt sich durch einen Depositionsgradienten erklären, der in erster Linie durch eine gesteigerte Ausfilterung der Nebeltröpfchen hervorgerufen wird.

Unterstellt man für beide Gebiete aufgrund ihrer vergleichbaren Lage (Abb. 12) ähnlich hohe Säureeinträge, kann das Gestein der symptomdifferenzierende Faktor sein. Dies ist nach den Annahmen zur räumlichen Variabilität der Silikatverwitterungrate plausibel (Kap.

Tabelle 17:
Variabilität verschiedener Klimaelemente in Abhängigkeit von der Höhe.
(Nebeltage und Windgeschwindigkeit: 15-jährige Mittelwerte von 1951 bis 1965;
Niederschläge: 30-jährige Mittelwerte von 1951 bis 1980).
(Daten aus GLÄSSER, Diss. in Vorb.).

Station	Höhe ü.NN (m)	Nebeltage	Windgeschw. (m/s)	Niederschlag (mm)
Brocken	1142	306	8,7	1607
Braunlage	607	75	2,6	1219
Clausthal	566	107	3,7	1307
Bad Sachsa	325	46	3,2	840
Bad Harzburg	265	46	1,8	844
Seesen	200	24	1,4	835

V.3). Hier wurde der Quarzit als ärmstes, am stärksten verwitterungsresistentes Gestein beschrieben. Der Granit wurde in die Gruppe der Gesteine moderater Verwitterung eingeordnet.

3. Zu den lokalen Vergilbungsmustern

Der Vergleich der schwach- und stark vergilbten Bestände ist mit der grundsätzlichen Schwierigkeit behaftet, daß sich die Teilflächen der Standorte Schulenberg und Harzburg aufgrund der Exposition kleinklimatisch unterscheiden. Eine häufigere oder längere Benetzung der Nadeln durch höhere Niederschläge, geringere Verdunstung oder größere Nebelhäufigkeit kann zu höheren Leachingraten führen (KREUTZER & BITTERSOHL 1986; MENGEL et al. 1987). Über diese Prozesse kann das Mikroklima unmittelbar mit der Symptomausprägung verbunden sein. Dies ist auch bei der Bewertung statistisch abgesicherter Ergebnisse zu berücksichtigen. Denn selbst bei signifikantem Unterschied muß nicht zwingend eine kausale Abhängigkeit vorliegen.

Das molare Mg/Al-Verhältnis wird als wesentliches bodenchemisches Merkmal zur Bewertung lokaler Vergilbungsunterschiede angenommen. Der kritische Bereich liegt in der beprobten Mineralbodentiefe von 5–15 cm bei 0,2. Dieser Befund bestätigt sich im Westharz auch in anderen bodenchemischen Untersuchungen zur Nadelvergilbung (BLANCK et al. 1988; WOHLFEIL 1989).

Abbildung 38 zeigt die Entwicklung des Mg/Al-Verhältnisses in einer Bodentiefe von 1 m. Die Daten sind Teil einer seit 1977 laufenden Studie zur Stoff- und Gewässerchemie im Wassereinzugsgebiet der Langen Bramke (HAUHS 1985; HAUHS 1989). Das Untersuchungsgebiet befindet sich in unmittelbarer Nähe des Standorts Schulenberg. Im Einzugsgebiet der Langen Bramke stocken 40-jährige Fichten. Das Vergilbungssymptom wurde in den Beständen erstmals 1982 beobachtet.

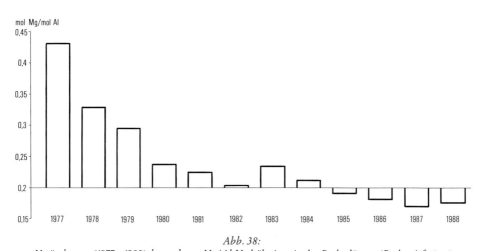

Abb. 38:
Veränderung (1977–1988) des molaren Mg/Al-Verhältnisses in der Bodenlösung (Bodentiefe 1 m) im Wassereinzugsgebiet der Langen Bramke (Nordharz).
(HAUHS, schriftl. Mittl.); das Verhältnis von 0,2 hat sich als kritischer Wert der Magnesiumernährung erwiesen (s. Text).

Die Daten zeigen trotz deutlicher Schwankungen eine tendenzielle Abnahme des Mg/Al-Verhältnisses. Seit 1982, dem Beginn der Symptomausbreitung, liegt die Mehrzahl der Werte unter 0,2.

JORNS & HECHT-BUCHHOLZ (1985) konnten in Laborexperimenten das Vergilbungssymptom an Fichtenkeimlingen erzeugen. Die Zusammensetzung der Nährlösung erfolgte in Anlehnung an die Bodenlösungschemie der Standorte im Solling. Der Mg-Mangel trat bei molaren Mg/Al-Verhältnissen von 0,18 ein. Dieses Ergebnis deutet für das Schadbild der Nadelvergilbung eine Übertragbarkeit der Laborerfahrungen auf Freilandbedingungen an.

Für den **Standort Clausthal** wird angenommen, daß die Magnesiumbelegung der Bodenfestphase der ausschlaggebende Faktor der Unterschiede im Mg/Al-Verhältnis zwischen stark- und schwachvergilbten Bestandesteilen ist (vgl. Abb. 33).

Am Standort Clausthal stehen mitteldevonische Calceola-Schiefer und Speciosus-Schichten an. Die Schiefer sind häufig kalkführend (MÜLLER 1980). Dies bedingt eine hohe kleinräumige Variabilität der mineralogischen und chemischen Zusammensetzung des Gesteins (KNOKE 1962; PAUL 1975; SIEWERS, schriftl. Mittl.). Mineralogische und geochemische Daten des Anstehenden aus der Literatur werden aus diesem Grund und wegen der schwierigen Zuordnung der Teilflächen zu Gesteinseinheiten nicht angegeben.

Am Standort Clausthal liegen keine Depositionsmessungen vor. Aufgrund der unmittelbaren Nachbarschaftslage der Teilflächen C(u) und C(g) (vgl. Abb. 27) und des gleichen Alters und Bestockungsgrades der Bestände kann aber eine ähnliche Depositionsrate auf den Versuchsflächen unterstellt werden.

Das Schadensmuster an diesem Standort fällt im CIR-Luftbild durch eine scharfe Grenze zwischen dem schwach- und starkvergilbten Bestandesteil auf. Diese deutliche Trennung spricht in Verbindung mit der vergleichbaren Lage der Teilflächen für eine geogene Ursache des Vergilbungsunterschiedes.

Am **Standort Schulenberg** sind keine bedeutenden Unterschiede in der Depositionsrate zwischen Nord- und Südhang zu erwarten. Dies zeigen seit 1981 laufende, kontinuierliche Messungen des Bestandesniederschlages im Untersuchungsgebiet Lange Bramke (HAUHS,

Tabelle 18:
Mineralzusammensetzung der am Standort Schulenberg anstehenden Gesteine. (Gew.-%).
(Analysen aus GÖRZ (1962), [1] $\bar{x}$ (5 Proben), [2] Probe 22Z, [3] Probe 23Z.)

Gestein	Pfeifenweg Schiefer[1]	Festenburger Schichten[2]	Schalker Quarzit[3]
Teilfl.	S(u)	S(g)	
Quarz	24.1	74.0	69.3
Serizit		7.2	14.2
Chlorid	69.4	—	—
Musk.	3.0	3.9	5.7
K-Fdsp.	—	16.3	3.8

mdl. Mittl.). Die signifikanten Unterschiede der Mg-Konzentration in der Bodenlösung und der Gehalte am Austauscher werden als Ursachen der kleinräumigen Vergilbungsunterschiede gewertet.

Pfeifenweg-Schiefer, Festenburger Schichten und Schalker Quarzit sind die anstehenden Gesteine am Standort Schulenberg (Tab. 18). Die Proben 22Z und 23Z liegen in der Nähe des Bestandes S(g). Die Pfeifenweg-Schiefer-Proben stammen aus dem nördlichen Teil des Devonsattels. Zur Charakterisierung ihres Mineralbestandes sind Mittelwerte der Proben angegeben.

Die bankigen Sandsteine und Quarzite des Nordhanges weisen als bedeutendste Mineralkomponente Quarz auf. Der Feldspatanteil ist höher als in den älteren Schichten des Unterdevon (GÖRZ 1962). Daneben sind die Schichtsilikate Serizit und Muskovit von quantitativer Bedeutung. Im Pfeifenweg-Schiefer nehmen Schichtsilikate knapp 70% des Mineralbestandes ein. Quarz kommt zu etwa 25% vor.

Der erheblich höhere Schichtsilikatanteil des Pfeifenweg-Schiefer könnte für die bessere Mg-Ausstattung der Bodenfestphase von Bedeutung sein. GÖRZ (1962) untersuchte den Zusammenhang zwischen dem MgO-Gehalt (Gew.-%) chemisch analysierter Proben und dem Chloritanteil des Mineralbestandes (Vol.%). Die über 10 Proben aufgetragenen Kurven zeigen einen annähernd parallelen Verlauf.

Es ist anzunehmen, daß der höhere Tonmineralanteil des Pfeifenweg-Schiefers im Vergleich zu den Sandsteinen zu einem höheren Feinbodenanteil in der Bodenmatrix führt (vgl. SCHULTE 1988). In der Tonfraktion ist nach Untersuchungen von TARRAH (1989) im Vergeich verschiedener Fraktionen mit der höchsten Magnesiumfreisetzung durch Verwitterungsprozesse zu rechnen.

Die Daten der Vollanalyse (Tab. 19) bestätigen die mineralogischen Unterschiede der Gesteinseinheiten. Der Unterschied zeigt sich in höheren MgO- und Al_2O_3-Gehalten und ge-

Tabelle 19:
Chemische Zusammensetzung (Gew.-%) der am Standort Schulenberg anstehenden Gesteine.
([1] Analysen von SIEWERS (schriftl. Mittl.); [2] Analyse aus GÖRZ (1962), Probe 22Z.)

Gestein Probefl.	Pfeifenweg Schiefer[1] S(u)	Festenburger Schichten[2] S(g)	Schalker Quarzit[1]
SiO_2	67.3	84.0	86.8
TiO_2	0.9	0.4	0.4
Al_2O_3	15.0	8.6	7.1
Fe_2O_3	5.9	1.2	1.2
FeO		0.1	
MnO	0.6	0.1	0.02
MgO	2.1	0.6	0.3
CaO	0.1	0.2	0.04
Na_2O	0.3	0.4	0.02
K_2O	3.6	2.9	2.2

ringeren SiO$_2$-Werten des Pfeifenweg-Schiefers im Vergleich zu den quarzitischen Sandsteinen.

Zusammenfassend läßt sich aus dem Vergleich der mineralogischen und chemischen Zusammensetzung der Gesteine eine höhere Silikatverwitterungsrate des Schiefers ableiten. Dies könnte trotz höherer Säurebelastung des Bodens (Abb. 35) eine ähnlich starke Ausbreitung des Schadbildes wie am Nordhang bisher verhindert haben.

Die bodenchemischen Daten am **Standort Harzburg** zeigten in den unterschiedlich geschädigten Bestandesteilen gleiche Mg-Gehalte der Bodenfestphase und eine identische Magnesiumkonzentration in der Bodenlösung. Die niedrigeren Mg/Al-Werte des stark vergilbten Bestandes werden durch die signifikant höheren Al-Konzentrationen verursacht. Diese weisen einen engen Zusammenhang zu Nitrat und Sulfat auf.

Beide Probeflächen liegen im Okergranit. Die Mineralausstattung und die Geochemie des Magmatits wurden von FUCHS (1969) und von SCHRIEL (1954) analysiert. Die von den Autoren angegebenen Daten entsprechen den in Tabelle 10 und 11 genannten Werten.

Die Depositionsrate am Nord- und Südhang wurde von Januar–April 1988 durch Analyse des Bestandesniederschlages untersucht (HILLEBRECHT, Diplomarbeit in Vorb.). Alle Probennahmeorte am Nordhang liegen in der Fläche H(g). Am Südhang befinden sich drei der fünf Probennahmeorte im 61-jährigen Fichtenbestand in unmittelbarer Nachbarschaft zur Fläche H(u). Zwei liegen in der Fläche H(u). Die Messungen des Bestandesniederschlages an den einzelnen Probennahmeorten des Südhanges zeigen keine Tendenzen einer Altersabhängigkeit. Sie wurden daher in Tabelle 20 zusammengefaßt.

Der Vergleich von Nord- und Südhang deutet auf geringe Unterschiede im Sulfateintrag hin. Die Nitateinträge dagegen sind mit 10,1 kg/ha am Südhang fast doppelt so hoch wie am Nordhang.

Einen weiteren Hinweis auf lokale Belastungsunterschiede gibt die Auswertung von Wind- und Nebelmessungen der Klimastation Harzburg. Im Beobachtungszeitraum von 1950–1980 trat Nebelbildung vorwiegend bei Windstille (75%) und bei Winden aus westlicher bis nordöstlicher Richtung (22.3%) auf. Bei Winden aus südöstlich bis südwestlicher Richtung wurde keine Nebelbildung beobachtet, was vermutlich auf einem Föhn-Effekt beruht (GLÄSSER 1979).

Als dritter Aspekt ist die historische Säurebelastung durch Erzverhüttung zu berücksichtigen. DENECKE (1978) stellte in einer Karte die Verteilung der frühmittelalterlichen Hüt-

Tabelle 20:
Bestandesniederschlag am Standort Harzburg.
n = 5; Meßzeitraum Jan. bis April 1988;
(aus HILLEBRECHT, Diplomarbeit in Vorb.).

		H	SO$_4$-S	NO$_3$-N	Cl
		------------------------- kg.ha^{-1} -----------------------			
Nordhang:	x̄	0.7	20.6	5.6	15.1
	(min–max)	(.48–.81)	(17.4–28.9)	(5.1–6.7)	(12.3–17.9)
Südhang:	x̄	0.6	18.5	10.5	19.3
	(min–max)	(.58–.70)	(17.6–19.8)	(9.6–11.5)	(17.2–24.0)

tenbetriebe im Harz dar. Die Abbildung weist den Talausgang der Oker und damit den Standort Harzburg als einen lokalen Schwerpunkt der Erzverhüttung aus.

Der mobilisierbare Ionenpool im Okergranit ist im Vergleich zu den Standorten im Kahlebergsandstein kleiner (vgl. Abb. 29). Die geringe Austauschkapazität verstärkt die Bedeutung der Deposition in den Waldökosystemen des Okergranit (REUSS & JOHNSON 1986).

Neben diesen Indizien für lokale Depositionsunterschiede können kleinräumige Bodentemperatur- und Bodenfeuchtegradienten, wie sie für den Nord- und Südhang im Okertal zu vermuten sind, Auswirkungen auf die Nitrifikationsrate haben. Übersteigt die Nitrifikationsrate (HNO_3-Bildung) die Rate der H^+-Konsumption, kann die überhöhte HNO_3-Produktion zu Versauerungsschüben führen (MATZNER 1988). Inwieweit diese Prozesse mit der hohen Nitratkonzentration am Nordhang in Zusammenhang stehen, ist auf der bisher vorliegenden Datengrundlage nicht zu entscheiden.

Für die im Harz beobachteten lokalen Vergilbungsmuster sind somit zusammenfassend bei Berücksichtigung der von BLANCK et al. (1988) untersuchten Gebiete mindestens drei verschiedene Faktorenkombinationen anzunehmen:

1. Gesteinsunterschiede und damit verbunden unterschiedliche Silikatverwitterungsraten führen unter dem Einfluß der Säuredeposition zu kleinräumig wechselnder Mg-Versorgung. Bei einer gleichmäßigen Depositionsrate können sich auf solchen Standorten substratabhängige Vergilbungsmuster ausbilden. Die Standorte Clausthal und Schulenberg sind in diesen Ursachenkomplex einzuordnen. Für die in Abb. 25 dargestellten „nichthydromorphen Standorte" ist ebenfalls dieser Faktorenkomplex anzunehmen.
2. Kleinräumige Unterschiede in der Belastung durch Saure Deposition oder mikroklimatische Unterschiede bewirken eine kleinflächig wechselnde Al-Mobilisierung. Eine hohe Al-Konzentration führt zu einem ungünstigen Mg/Al-Verhältnis und einer erschwerten Mg-Aufnahme. Dieser Gesichtspunkt ist wahrscheinlich für alle Granitstandorte des nördlichen Harzrandes mit kleinräumig wechselnder Exposition von Bedeutung.
3. Die Vergilbung bleibt an den Stellen aus, wo eine laterale Wasserzufuhr aus tieferen Bodenschichten die Wurzeln erreicht und eine bessere Basenzufuhr gewährleistet. Beispiele hierfür sind die von BLANCK et al. (1988) untersuchten Standorte und die in Abbildung 25 dargestellten „hydromorphen" Flächen.

Die in den vorausgehenden Kapiteln diskutierten Ergebnisse zeigen als wesentliche **methodische Schlußfolgerung** dieser geographischen Analyse von Waldschäden die Notwendigkeit einer schadbildspezifischen Erhebung und Auswertung von Waldschadensdaten auf, wenn diese im Rahmen der Ursachenforschung verwendet werden sollen. Eine Zusammenfassung der Schadbilder zu einer Gesamtschädigung würde die klaren Beziehungen zwischen der Nadelvergilbung und dem Gestein und die erkennbaren Zusammenhänge zwischen Relief und Kronenverlichtung verwischen. Zusammenhänge mit potentiellen Einflußgrößen wären dann aus dem Verteilungsmuster kaum abzuleiten.

Diese, hier für den Harz gezeigte, schadbildspezifische räumliche Analyse von Waldschadensdaten ist auch auf andere Gebiete anwendbar.

VIII. ZUSAMMENFASSUNG

Mit dieser Arbeit wird eine schadbildspezifische Analyse der Verbreitung „neuartiger Waldschäden" für die Baumart Fichte vorgelegt. Als Untersuchungsgebiet dient der Niedersächsische Harz. Zur Erfassung der Schäden werden in Niedersachsen neben terrestrischen Inventurverfahren Color-Infrarot(CIR)-Luftbilder eingesetzt. Dieses Inventurverfahren ist derzeit das einzige, das eine ausreichend hohe Stichprobenzahl zur Untersuchung der regionalen Verbreitung der Schäden liefert, eine symptomspezifische Erhebung erlaubt und die Aufdeckung lokaler Schadensmuster ermöglicht. Die aus Luftbildaufnahmen 1985 erhobenen Daten zur Schädigung der Fichte im Westharz standen dieser Untersuchung zur Verfügung.

1) Zur Untersuchung der regionalen Verbreitung wurden die Daten der Waldschadensinventur kartographisch mittels EDV aufbereitet.

Die Karten zeigen einen deutlichen Unterschied in der Verteilung der Hauptschadensmerkmale der Nadelvergilbung und Kronenverlichtung. Die Schwerpunkte der Verbreitung der Nadelvergilbung sind die Hochfläche um 500 m ü.NN im Zentrum des Nordwestharzes und Teile des nördlichen Gebirgsrandes. Bestände im südwestlichen Teil des Untersuchungsgebietes sind erheblich weniger vergilbt. Die Verteilung von Fichtenbeständen mit starker Kronenverlichtung konzentriert sich auf den Acker-Bruchberg, der die Hochfläche in SW-NE-Richtung quert und um bis zu 350 m überragt, und auf den nordwestlichen Gebirgsrand.

Die Verteilung der Schadbilder zeigt einen deutlichen Zusammenhang mit dem Grundgestein. Starke Vergilbungsschäden wurden in Beständen auf Kahlebergsandstein, Granit und Grauwacke gefunden. Gering vergilbte Bestände kommen hauptsächlich auf Gabbro und Wissenbacher Schiefer vor. Starke Nadelverluste treten verstärkt über Quarzit auf. Diese Befunde werden als Hinweise auf die Beteiligung des Bodens am regionalen Verteilungsmuster der Symptome gewertet.

2) In Teilgebieten des Westharzes wurde die Verteilung der Kronenverlichtung durch Nadelverluste und der Nadelvergilbung nach Standorts- und Bestandesmerkmalen statistisch beschrieben. Die Ergebnisse zeigen, daß die Nadelvergilbung das vorherrschende Schadbild in $\leq$ 60-jährigen Beständen ist. Der mittlere Anteil vergilbter Bäume im Bestand schwankt zwischen 10% (Tanner Grauwacke) und 40% (Granit). Im Gosebergland (Kahlebergsandstein) und im Torfhäuser Hügelland (Granit) dominiert dieses Schadbild auch in > 60-jährigen Beständen. In den anderen Gebieten herrscht in Fichtenbeständen dieser Altersklasse die Kronenverlichtung vor.

In allen Teilgebieten haben reliefbezogene Parameter (Höhe ü.NN, Exposition) den deutlich höchsten Erklärungswert an der Variabilität der Nadelvergilbung. Die Intensität der Kronenverlichtung korreliert mit kleinräumig wechselnden Faktoren wie dem Alter oder dem Schlußgrad des Bestandes. Nur am Acker-Bruchberg ist die Höhe ü.NN für die Ausprägung der Kronenverlichtung von Bedeutung.

Das Alter und der Schlußgrad sind über die Bestandeshöhe und Rauhigkeit des Kronendachs mit Faktoren verknüpft, die die Depositionsrate kleinräumig erheblich modifizieren können. Die Nebelhäufigkeit und die Windgeschwindigkeit sind wichtige Parameter der Depositionsrate im regionalen Maßstab. Sie zeigen im Untersuchungsgebiet einen deutlichen Anstieg mit zunehmender Höhe. Vor diesem Hintergrund wird die Schadenszunahme mit der Höhe im Zusammenhang mit einem Anstieg der Depositionsrate diskutiert.

3) Die Auswertung von CIR-Luftbildern ergab für das Schadbild der Nadelvergilbung neben regionalen Verbreitungsunterschieden im gesamten Untersuchungsgebiet lokale Verteilungsmuster am nördlichen Gebirgsrand und auf der Clausthaler Hochfläche. Diese Muster sind durch die scharfe Abgrenzung stark vergilbter und wenig vergilbter Bestandesteile zu erkennen. Drei dieser Standorte wurden bodenchemisch untersucht.

Der wesentliche bodenchemische Befund ist ein signifikanter Unterschied im molaren Mg/Al-Verhältnis der Bodenlösung zwischen den unterschiedlich stark vergilbten Teilflächen. Die Werte der stark vergilbten Bestandesteile liegen im oberen Mineralboden bei 0,2.

Die Fichten am Standort Harzburg stocken auf einer stark podsoligen Braunerde über Granit. Die Gehalte austauschbarer Kationen sind auf beiden Teilflächen identisch. Das engere Mg/Al-Verhältnis im stark vergilbten Bestandesteil ist auf eine signifikant höhere Aluminiumkonzentration in der Bodenlösung zurückzuführen. Die stärkere Al-Mobilisierung wird im Zusammenhang mit lokalen Unterschieden der Deposition und des Mikroklimas diskutiert.

Die Ergebnisse an den Standorten Clausthal und Schulenberg zeigen signifikant niedrigere Magnesiumgehalte in der Bodenlösung und am Austauscher in den stark vergilbten Bestandesteilen. Die höhere Mg-Sättigung der schwach vergilbten Teilflächen ermöglicht eine bessere Pufferung durch Magnesiumaustausch. Die Teilflächen beider Standorte stocken auf podsoligen Braunerden über petrographisch verschiedenen Gesteinen des unteren und mittleren Devon. Unterschiede in der Geochemie und Mineralogie der anstehenden Gesteine werden als Faktoren diskutiert, die zu einer kleinräumigen Veränderung der Silikatverwitterungsrate und damit der Mg-Nachlieferung führen. Es ist anzunehmen, daß auf diesen Standorten die lokalen Muster der Mg-Versorgung die Intensität und Häufigkeit der Symptomausprägung im Bestand bestimmen.

4) Die Ergebnisse zeigen, daß Waldschadensdaten schadbildspezifisch aufbereitet werden müssen, wenn mit ihrer Hilfe potentielle Einflußgrößen der Schädigung diskutiert werden sollen. Bei einer Zusammenfassung der Schadbilder zu einem Gesamtschaden wäre im Westharz der deutliche Zusammenhang zwischen Schadensausprägung und Grundgestein nicht mehr erkennbar.

IX. SUMMARY

This study presents an analysis of the distribution regarding the two main types of the "novel forest decline" in Norway Spruce stands. The investigated area is the Western part of the Harz mountains in Lower Saxony. Besides terrestrial methods color infrared photography is mainly used to inspect the extent of "novel forest decline" in Lower Saxony. This method identifies different decline symptoms and small spatial patterns of decline. In addition, the sample density allows to investigate the spatial distribution of damages on a regional scale. This work is based on the set of decline data from 1985.

1) To study the regional pattern of damages, the data are evaluated by the methods of computer-assisted cartography.

The maps reveal clear differences in the distribution of the two types of damage. Needle yellowing occurs mainly on the central plateau at about 500 m and in parts in the northern Harz. Slightly damaged spruce stands dominate in the southern Harz and occasionally at lower altitudes at the western slope of the Harz Mountains. Stands with heavy needle loss are concentrated on the ridge of the Acker-Bruchberg which stretches from the southwest to the northeast of the investigated area . It exceeds the elevated plains by up to 350 m in altitude. The latter syndrome is also concentrated on the mountain tops of the northwestern edge of the range.

The distribution of the two decline types clearly corresponds to the bedrock. Stands exhibiting most severe needle yellowing are found on Kahleberg sandstone, granite and Kulm greywacke. Slightly chlorotic stands occur in the areas of gabbro and Wissenbacher slate. Needle loss is mainly found on quarzite.

These findings clearly show that the soil is implicated in this decline of Norway spruce.

2) To investigate the variation of damages in relation to standparameters and site factors, the area of the Harz mountains is devided in subareas. The subsets of data are analysed by statistical methods.

The results show that needle yellowing is the dominating type of decline in lower than 60-year-old stands. The portion of yellowed trees in a stand range between 10% (Tanner Greywacke) and 40% (Granite). In over 60-year-old stands needle loss is the main type of decline apart from the areas of Kahlebergsandstone and Granite. In all subareas needle yellowing is strongly correlated with topographical factors like altitude or exposition. Needle loss is correlated with the stand age and the stand closure. Only in the subarea of the Acker-Bruchberg the altitude is important for the severity of needle loss.

The stand age and the stand closure are related to the stand hight and the roughness of the canopy. These factors are important for the variation of the acid depostition rate on a local scale. On a regional scale the deposition rate is linked to the frequency of cloudwater exposition and the wind speed. These factors increase with increasing altitude. That is why acid deposition is assumed to be a major factor controlling the spatial decline patterns.

3) Aerial infrared-photography reveales differences in the regional distribution and local patterns of needle yellowing. The local patterns are concentrated in the northern parts of the Harz mountains. They are characterized by sharp contrasts between chlorotic and symptom-free parts of Norway spruce stands. Three sites are investigated by soil chemistry and the analysis of areal photos.

Local variation of chlorosis corresponds to differences in the molar Mg/Al ratio of the water extracts. The critical value in the upper mineral soil layers of the damaged subplots (5 – 15 cm) is about 0.2.

The site 'Harzburg' is characterized by a strong acid brown earth over granite bedrock. The smaller molar Mg/Al ratio on the severely damaged subplot is linked with a significantly higher Al-concentration in the water extract. The higher Al-mobilization is discussed in conjunction with local patterns of acid deposition and microclimate.

At the sites 'Clausthal' and 'Schulenberg' the differences in Mg/Al-ratio are due to lower Mg-saturation and a smaler Mg-concentration in the soil solution. At both sites the subplots are characterized by an acid brown earth over bedrocks of the lower and middle devonian. Local variation of silicate weathering rate at these sites is assumed to be the major factor controlling the patterns of needle yellowing.

4) The results confirm that forest decline inventories must be carried out separately according to symptom classes in order to provide a basis for the discussion of possible causes. A combined map of total damage based on the two seperate decline types does no longer show the clear correspondence to bedrock or soil properties.

X. LITERATURVERZEICHNIS

Akademie für Raumforschung und Landesplanung in Verbindung mit dem Niedersächsischen Landesverwaltungsamt (Hrsg.) (1961): Deutscher Planungsatlas. − Bd. II . Niedersachsen und Bremen.

ALICKE, R. (1974): Die hydrogeochemischen Verhältnisse im Westharz in ihrer Beziehung zur Geologie und Petrographie. − Diss., TU Clausthal.

Arbeitskreis Standortskartierung in der Arbeitsgemeinschaft Forsteinrichtung (Hrsg.) (1980): Forstliche Standortsaufnahme. − Vierte Auflage, Münster-Hiltrup.

BAULE, H. & FRICKER, C. (1967): Die Düngung von Waldbäumen. − BLV-Verlag, München.

BERGMANN (Hrsg.) (1988): Ernährungsstörungen bei Kulturpflanzen. − Gustav Fischer Verlag, 2. Aufl., Stuttgart.

BERNER, R.A. (1978): Rate control of mineral dissolution under earth surface conditions. − American J. of Science, Vol. 278, 1235−1252.

BIRKELAND, P.W. (1974): Pedology, weathering and geomorphological research. − Oxford Univ. Press; New York, London, Toronto.

BLANCK, K., MATZNER, E., STOCK, R. & HARTMANN, G. (1988): Der Einfluß kleinstandörtlicher bodenchemischer Unterschiede auf die Ausprägung von Vergilbungssymptomen an Fichten im Harz. − Forst- und Holz 43: 288−292.

BLANK, L.W. (1985): A new type of forest decline in Germany. − Nature 314, 311−314.

BLASCHKE, H., BREHMER, U. & SCHWARZ, H. (1985): Wurzelschäden und Waldsterben: Zur Bestimmung morphometrischer Kenngrössen von Feinwurzelsystemen mit dem IBAS − erste Ergebnisse. − Forstwiss. Centralblatt 104: 199−205.

BLÜTHGEN, J. & WEISCHET, W. (1980): Allgemeine Klimageographie. − Berlin.

BML (Bundesminister für Ernährung, Landwirtschaft und Forsten) (1988): Waldzustandsbericht − Ergebnisse der Waldschadenserhebung 1988. − Schriftenreihe des Bundesministers für Ernährung, Landwirtschaft und Forsten, Reihe A, Angewandte Wissenschaft H. 364.

BORCHERS, K (1964): Die Eis- und Schneebruchlagen des Harzes. − Aus dem Walde, Mitteilungen der Nieders. Landesforstverwaltung, H. 8, 5−71.

BOSCH, C., PFANNKUCH, E., BAUM, U. & REHFUESS, K.E. (1983): Über die Erkrankung der Fichte (Picea abies Karst.) in den Hochlagen des Bayerischen Waldes. − Forstwiss. Centralblatt 102: 167−181.

BOUMAN, T. (in Vorb.): Ergebnisse einer bodenchemischen Kartierung im Westharz. − Diss. Forstl. Fak. der Univ. Göttingen.

BREDEMEIER, M. (1987): Stoffbilanzen, interne Protonenproduktion und Gesamtsäurebelastung des Bodens in verschiedenen Waldökosystemen Norddeutschlands. − Ber. des Forschungszentrums Waldökosysteme / Waldsterben, Reihe A, Bd.33.

− (1988): Forest canopy transformation of atmospheric deposition. − Water, Air and Soil pollution 40: 121−138.

BUCHER, J.B. (1987): Forest damage in Switzerland, Austria and adjacent parts of France and Italy in 1984. − In: Hutchinson T.C. & Meema K.M. (eds): Effects of Atmospheric Pollutants on Forests, Wetlands and Agricultural Ecosystems. NATO ASI Series Vol G16, 43−58.

BÜTTNER, G., LAMMERSDORF, N., SCHULTZ, R. & ULRICH, B. (1986): Deposition und Verteilung chemischer Elemente in küstennahen Waldstandorten. − Ber. des Forschungszentrums Waldökosysteme der Univ. Göttingen Bd. 1.

BURGER, H. (1927): Die Lebensdauer der Fichtennadeln. − Schweizerische Zeitschrift für Versuchswesen 78, 372−375.

BUSENBERG, E. & CLEMENCY, C.V. (1975): The dissolution of feldspars at 25 C and at 1 atm CO_2 partial pressure. − Geochimica et Cosmochimica Acta 40: 41−46.

CHOU, L. & WOLLAST, R. (1984): Study of the weathering of albite at room temperature and pressure with a fluidized bed reactor. − Geochimica and Cosmochimica Acta 48: 2205−2217.

CLAYTON, J.L. (1979): Nutrient supply to soil rock weathering. − Proceedings: Impakt of Intensive Harvesting on Forest Nutrient Cycling. Syracuse, New York, 75−96.

- (1986): An estimate of plagioclase weathering rate in the Idaho Batholith based upon geochemical transport rates. – In: Colman, S.M. & Dethier, D.P. (eds.): Rates of Chemical Weathering of Rocks and Minerals. Acad. press, 453–466.
COLE, J.P. & KING, C.A.M. (1968): Quantitative Geography. John Wiley & sons LTD, London.
COWLING, E.B. (1986): Regional declines of forests in Europe and North America: the possible role of airborne chemicals. – In: Lee, S.D., Schneider, T., Grant, L.D. & Verkerk, P.J. (eds): Aerosols. Lewis Publ., Chelsea, Michigan, Chapt. 64, 1334–1343.
CRANE, A.J. & COCKS, A.T. (1989): The Transport, Transformation and Deposition of Airborne Emissions from Power Stations. – In: Longhurst, J.W.S. (ed.): Acid Deposition: Sources, Effects and Controls. 1–13.
CREASEY, J., EDWARDS, A.C., REID, J.M., MACLEOAD D.A. & CRESSER, M.S. (1986): The use of catchment studies for assessing chemical weathering rates of two contrasting upland areas in Northeast Scotland. – In: Colman, S.A. & Dethier, D.P. (eds.) Rates of Chemical Weathering of Rocks and Minerals. Acad.press, 467–502.
DACEY, M.F. (1973): Some questions about spatial distributions. – In: Chorley, R. (ed.): Directions in Geography. Methuen London, 127–151.
DENECKE, D. (1978): Erzgewinnung und Hüttenbetriebe des Mittelalters im Oberharz und im Harzvorland. – Archäologisches Korrespondenzblatt 8: 77–85.
Der Niedersächsische Sozialminister (Hrsg.) (1981): Reinhaltung der Luft. – H. 6, 175–179.
DIETRICH, H. (1963): Untersuchungen zum Nährstoffkreislauf von Fichtenbeständen im Osterzgebirge. – Archiv für das Forstwesen 12: 1116–1136.
DONG, P.H. & KRAMER, H. (1987): Zuwachsverlust in erkrankten Fichtenbeständen. – Allg. Forst- und Jagdzeitung 158: 122–125.
DRAPER. N.R. & SMITH, H. (1966): Applied Regression Analysis. – Sec. Edition, Whiley, New York.
ECKSTEIN, D. & BAUCH, J. (1987): Dendroklimatologische Untersuchungen an Fichten aus einem Waldschadensgebiet im Forstamt Farchau/Ratzeburg. – In: Projektgruppe Bayern zur Erforschung der Wirkung von Umweltschadstoffen (Hrsg.): Klima und Witterung in Zusammenhang mit den neuartigen Waldschäden. GSF-Bericht 10/87, 156–164.
EICHKORN, Th. (1986): Wachstumsanalysen an Fichten in Südwestdeutschland. – Allg. Forst- und Jagdzeitung 157: 125–139.
FÖLSTER, H. (1985): Proton consumption rates in holocene and presentday weathering of acid forest soils. – In: Drever, J.I. (ed): The Chemistry of Weathering. D. Reidel Publ. Co., 197–209.
FÖRSTER, B. (1988): Untersuchung der Verwendbarkeit von Satelliten-Bilddaten (Thematic Mapper) zur Kartierung von Waldschäden. – Diss., TU Berlin.
Forschungsbeirat Waldschäden Luftverunreinigungen der Bundesregierung und der Länder (1986): 2. Bericht.
FOWLER, D. (1980): Wet and dry deposition of sulphur and nitrogen compounds from the atmosphere. – In: Hutchinson, T.C. & Moras, U. (eds): Effects of Acid Precipitation in Terrestrical Ecosystems. New York, 9–27.
–, Cape, J.N. & Leith, I.D. (1988): Wet deposition and altitude, the role of orographic cloud. – In: Unsworth, M.H. & Fowler,D. (eds): Acid Deposition at High Elevation Sites. Kluwer Acad. Publ., 231–257.
FRÄNZLE, O., SCHRÖDER, W. & VETTER, L. (1985): „Synoptische Darstellung möglicher Ursachen des Waldsterbens". – Zwischenbericht zum 6. Statusseminar am Frauenhofer Institut in Schmallenberg-Grafschaft.
FRITSCHE, U. (1987): Investigations on the immission stress in spruce forests in dependence on their altitude above sea level and the distance from the edge of the forest. – In: Perry R., Harrison R.M., Bell J.N.B. & Lester J.N. (eds): Acid rain: Scientific and Technical Advances, London, 239–243.
FUCHS, W. (1969): Untersuchungen zur Geologie und Petrographie des Okerplutons im Harz. – Clausthaler Tektonische Hefte 9, 111–185.
GEORGII, H.W., GROSCH, S. & SCHMIDT, G. (1987): Deposition von Schadstoffen in Waldökosystemen in Abhängigkeit von meteorologischen Parametern. – In: Projektgruppe Bayern zur Erforschung der Wirkung von Umweltschadstoffen (Hrsg.): Klima und Witterung in Zusammenhang mit den neuartigen Waldschäden. GSF-Bericht 10/87, 66–75.

GLÄSSER, R. (1979): Entstehung von Nebel, Nebelarten und ein Vergleich der Nebelverhältnisse in Bad Harzburg und Braunlage in den Jahren 1970−1978. − Oberseminararbeit im Fach Geographie, Geogr. Inst. der Univ. Göttingen.
− (in Vorb.): Klima und Witterung im Harz. − Diss. Geogr. Inst. der Univ. Göttingen.
GODZIK, S. (1984): Air pollution problems in some central european countries − Czechoslowakia, The German Democratic Republic and Poland. − In: Koziol, M.J. & Whatley, F.R. (eds): Gaseous Air Pollutants and Plant Metabolism. London, Chapt.2, 25−37.
GÖRZ, H. (1962): Zur Petrographie des Unterdevons im Westharz. − Beitr. Mineral. u. Petrographie 8, 232−266.
GOLDICH, S.S. (1938): A study of rock weathering. − J. Geol. 46:17−58.
GRENNFELT, P. & HULTBERG, H. (1986): Effects of nitrogen deposition on the acidification of terrestrical and aquatic ecosystems. − Water, Air and Soil Pollution 30: 945−963.
GREVE, U., ECKSTEIN, D., ANIOL, R.W., & SCHOLZ, F. (1986): Dendroklimatische Untersuchungen an Fichten unterschiedlicher Immissionsbelastung in Nordostbayern. − Allg. Forst- und Jagdzeitung 157: 174−179.
GRUBER, F. (1987): Das Verzweigungssystem und der Nadelfall der Fichte *(Picea abies* (L.) Karst.) als Grundlage zur Beurteilung von Waldschäden. − Ber. des Forschungszentrums Waldökosysteme/Waldsterben 26, Reihe A.
− (1988): Der Fenstereffekt bei der Fichte. − Forst- und Holz 43: 58−60.
GRUNOW, J. (1954): Nebelniederschlag. − Ber. des Deutschen Wetterdienstes, US-Zone, 42: 30−34.
HARTMANN, G. (1984): Waldschadenserfassung durch Infrarot-Farbluftbild in Niedersachsen. − Der Forst- und Holzwirt 39: 131−142.
−, UEBEL, R. & STOCK, R. (1985): Zur Verbreitung der Nadelvergilbung an Fichte im Harz. − Der Forst- und Holzwirt 40: 286−292.
−, SABOROWSKI, J. & VORETZSCH, A. (1986): Entwicklung und Verteilung von Waldschäden an Fichte im Harz. − Der Forst- und Holzwirt 41: 413−420.
− & UEBEL, R. (1986): CIR-Luftbild-Interpretationsschlüssel zur Schadensansprache an Fichte im Harz. − Der Forst- und Holzwirt41: 438−441.
−, NIENHAUS, F. & BUTIN, H. (1988): Farbatlas Waldschäden: Diagnose von Baumkrankheiten. − Verlag Eugen Ulmer.
HASSELROT, B. & GRENNFELT, P. (1987): Deposition of air pollutants in a windexposed forest edge. − Water, Air and Soil Pollution 34: 135−140.
HAUHS, M. (1985): Wasser- und Stoffhaushalt im Einzugsgebiet der Langen Bramke (Harz). − Ber. des Forschungszentrums Waldökosysteme/Waldsterben, Bd. 17.
− (1989): Lange Bramke, an ecosystem study of a forest watershed. − In: Adriano, D.C. (ed.): Advances in Environmental Science, Vol. 4, Springer Berlin, im Druck.
− & WRIGHT, R.F. (1986): Regional pattern of acid deposition and forest decline along a cross section through Europe. − Water, Air, and Soil Pollution 31: 463−474.
−, BENECKE, P. & ULRICH, B. (1987): Ursachenforschung zu Waldschäden − Forschungsschwerpunkt Harz −. − In: Papke, H.E., Krahl-Urban, B., Peters, K. & Schimansky, Chr. (eds.): Waldschäden − Ursachenforschung in der Bundesrepublik Deutschland und in den Vereinigten Staaten von Amerika. 58−59.
− & DISE, N. (1988): Depletion of base cations in acid forest soils at Lange Bramke. West Germany. − Geoderma (submitted).
−, ROST-SIEBERT, K., RABEN, G., PACES, T. & VIGERUST, B. (1989): The role of nitrogen in the acidification of soils and surface waters. Summary of European data. − In: Malanchuk, J.L. & Nilsson, J. (eds.): The Role of Nitrogen in the Acidification of Soils and Surface Waters. 32 S. Int.Workshop, Copenhagen, 3.−4. Oct. 1988.
HELMBOLD, R. (1952): Beitrag zur Petrographie der Tanner Grauwacke. − Beitr. Mineral. u. Petrographie 3, 253−288.
HILDEBRAND, E.E. (1986): Zustand und Entwicklung der Austauschereigenschaften von Mineralböden aus Standorten mit erkrankten Waldbeständen. − Forstw. Centralblatt 105: 60−76.
HILDEBRANDT, G., KADRO, A., KUNTZ, S. & KIM, C. (1987): Entwicklung eines Verfahrens zur Waldschadensinventur durch multispektrale Fernerkundung. − Ber. des Kernforschungszentrums Karlsruhe, PEF März 1987.

HILLEBRECHT, M.-L. (1982): Die Relikte der Holzkohlewirtschaft als Indikatoren für Waldnutzung und Waldentwicklung. – Gött. Geogr. Abh., H. 79.
HILLEBRECHT, U. (in Vorb.): Untersuchungen zur standörtlichen Variabilität der Depositionsrate in Fichtenbeständen des Nordharzes. Dipl. Arbeit, Forstl. Fak. der Univ. Göttingen.
HÖVERMANN, J. (1950): Die Oberflächenformen des Harzes. – Geogr. Rundschau 2, 208–212.
HOLZER, K. (1967): Das Wachstum des Baumes in seiner Anpassung an zunehmende Seehöhe. Ökologie der alpinen Waldgrenze. – Mitteilungen der forstlichen Bundesversuchsanstalt Wien, 429–456.
HUCKENHOLZ, H.G. (1959): Sedimentpetrographische Untersuchungen an Gesteinen der Tanner Grauwacke. – Beitr. Mineral. u. Petrographie 6, 261–298.
HUDSON, J.C. & FOWLER, P.M. (1972) The concept of pattern in Geography. – English Mayfield, 545–550.
HÜTTL, R.F. (1987): „Neuartige" Waldschäden, Ernährungsstörungen und Düngung. – Allg. Forstzeitschrift 42: 289–299.
HUSS, J. (1984): Luftbildmessung und Fernerkundung in der Forstwirtschaft. – Wichmann, Karlsruhe.
INNES, J.L. & BOSWELL, R.C. (1987): Forest health surveys 1987. – Part 1: Results. Forestry Commission Bulletin 74.
INSTITUT FÜR LANDESKUNDE (Hrsg.) (1970): Geographische Landesaufnahme 1:200000. Die naturräumlichen Einheiten auf Blatt 100 Halberstadt. – Bearbeitet von Jürgen Spönemann.
JORNS, A. & HECHT-BUCHHOLZ, C. (1985): Aluminiuminduzierter Magnesium- und Calciummangel im Laborversuch bei Fichtensämlingen. – Allg. Forstzeitschrift 40: 1248–1252.
KÄUBLER, R. 1966): Zur regionalen Rumpftreppendarstellung vom Lausitzer Gebirge bis zum Thüringer Wald und Harz. – Hercynia N.F. 3: 1–11.
KANDLER, O. (1985): Immissionsversus Epidemie-Hypothesen. – Kortzfleisch von, G. (ed): Waldschäden – Theorie und Praxis auf der Suche nach Antworten. Oldenburg Verlag, München 19–59.
– (1988): Epidemiologische Bewertung der Waldschadenserhebung 1983 bis 1987 in der Bundesrepublik Deutschland. – Allg. Forst- und Jagdzeitung 159: 179–194.
–, MILLER, W. & OSTNER, R. (1987): Dynamik der „akuten Vergilbung" der Fichte. – Allg. Forstzeitschrift 42: 715–723.
KAUPENJOHANN, M., ZECH, W., HANTSCHEL, R. & HORN, R. (1987): Ergebnisse von Düngungsversuchen mit Magnesium an vermutlich immissionsgeschädigten Fichten (Picea abies (L.)Karst.) im Fichtelgebirge. – Forstwiss. Centralblatt 106: 78–84.
KENNEWEG, H., FÖRSTER, B., RUNKEL, M. & WINTER, R. (1989): Satellitenbilder zur Waldschadenserfassung – wo liegen die Probleme? – Allg. Forst- und Jagdzeitung 160: 73–76.
KLEIN, E. (1985): Nadelschütten im Winter. – Allg. Forstzeitschrift 40: 288–290.
KNOKE, R. (1966): Untersuchungen zur Diagenese an Kalkkonkretionen und umgebenden Tonschiefern. – Contr. Mineral. and Petrol. 12, 139–167.
KÖHLER, H. & STRATMANN, J. (1986): Wachstum und Benadelung von Fichten im Westharz. – Der Forst- und Holzwirt 41: 152–157.
KRASEMANN, H.U. (1957): Zeigen die im Harz weit verbreitet anstehenden Grauwacken und ihre Verwitterungsprodukte Unterschiede, die für die forstliche Planung von Bedeutung sind?. – Ber. geol. Ges. DDR, 2, 277–288.
KREMSER, W. & OTTO, H.J. (1973): Grundlagen für die langfristige, regionale waldbauliche Planung in den niedersächsischen Landesforsten. – Aus dem Walde, H. 20.
KREUTZER, K. & BITTERSOHL, J. (1986): Stoffauswaschung aus Fichtenkronen durch saure Beregnung. – Forstw. Centralblatt 105: 357–363.
KUES, J. (1984): Untersuchungen zum Stoffeintrag in den Göttinger Wald. – Ber. des Forschungszentrums Waldökosysteme/Waldsterben, Bd. 6.
LESINSKI, J.A. & WESTMAN, L. (1987): Crown injury types in Norway spruce and their applicability for forest inventory. – In: Perry R., Harrison R.M., Bell J.N.B. & Lester, J.N. (eds): Acid Rain: Scientific and Technical Advances. London, 657–662.
LINDBERG, S.E., LOVETT, G.M. & MEIWES, K.J. (1987): Deposition and forest canopy interactions of airborne nitrate. – In: Hutchinson, T.C. & Meema, K.M. (eds.): Effects of Atmospheric Pollutants on Forests, Wetlands and Agricultural Ecosystems. NATO ASI Series, Vol. G. 16, 117–130.
–, SILSBEE, D., SCHAEFER, D.A., OWENS, J.G. & PETTY, W. (1988): A comparison of atmospheric exposure conditions at high and low elevation forests in southern appalachian mountain range.

– In: Unsworth, M.H. & Fowler, D. (eds.): Acid Deposition at High Elevation Sites. Kluwer Acad. Publ., 321–344.

LINZON, S.N. (1985): Forest damage and acidic precipitation. – The E.B. Eddy Distinguished Lecture Series, Faculty of Forestry, University of Toronto.

LISS, B., BLASCHKE, H. & SCHÜTT, P. (1984): Vergleichende Feinwurzeluntersuchungen an gesunden und erkrankten Altfichten auf zwei Standorten in Bayern – ein Beitrag zur Waldsterbensforschung. – European J. of Forest Pathology 14: 90–102.

LOVETT, G.M. (1984): Rates and mechanisms of cloud water deposition to a subalpine balsam fir forest. – Atmospheric Environment Vol. 18, 361–371.

MAGEL, E. & ZIEGLER, H. (1987): Die „Lametta"-Tracht – ein Schadsymptom?. – Allg. Forstzeitschrift 42: 731–733.

MANION, P.D. (1981): Tree desease concepts. – Prentice-Hall, Englewood Cliffs, New Jersey.

MARSCHNER, H. (1987): Wurzelwachstum, Nährstoffaufnahme und pH-Werte in der Rhizosphäre von Fichten. – Statusseminar zum BMFT-Förderschwerpunkt Ursachenforschung zu Waldschäden, 30. März – 3. April 1987, Spezielle Berichte der Kernforschungsanlage Jülich Nr. 413, 312–313.

MATSCHULLAT, J. (1989): Umweltgeologische Untersuchungen zu Veränderungen eines Ökosystems durch Luftschadstoffe und Gewässerversauerung. – Göttinger Arbeiten zur Geologie und Paläontologie 42.

MATTIAT, B. (1960): Beiträge zur Petrographie der Oberharzer Kulmgrauwacke. – Beitr. Mineral. u. Petrographie 7, 242–280.

MATZNER, E. (1984): Deposition und Umsatz chemischer Elemente im Kronenraum von Waldbeständen. – Ber. des Forschungszentrums Waldökosysteme/Waldsterben der Univ. Göttingen, Bd. 2, 61–87.

– (1988): Der Stoffumsatz zweier Waldökosysteme im Solling. – Ber. des Forschungszentrums Waldökosysteme/Waldsterben 40, Reihe A.

–, ULRICH, B., ROST-SIEBERT, K. & MURACH, D. (1984): Zur Beteiligung des Bodens am Waldsterben. – Ber. des Forschungszentrums Waldökosysteme/Waldsterben, Bd. 2, 1–21.

MEIWES, K.J., KOENIG, N., KHANNA, P.K., PRENZEL, J. & ULRICH, B. (1984): Chemische Untersuchungsverfahren für Mineralboden, Auflagehumus und Wurzeln zur Charakterisierung und Bewertung der Versauerung in Waldböden. – Ber. des Forschungszentrums Waldökosysteme/Waldsterben 7, 1–67.

MENGEL, K., LUTZ, H.-J. & BREININGER, M. Th. (1987): Auswaschung von Nährstoffen durch sauren Nebel aus jungen Fichten (Picea abies). – Z. Pflanzenernährung und Bodenkunde 150: 61–68.

MEYER, F.H. (1987): Das Wurzelsystem geschädigter Waldbestände. – Allg. Forstzeitschrift 42: 754–757.

MIES, E. & ZÖTTL, H.W. (1985): Zeitliche Änderung der Chlorophyll- und Elementgehalte in den Nadeln eines gelb-chlorotischen Fichtenbestandes. – Forstwiss. Centralblatt 104: 1–8.

– (1987): Elementeinträge in tannenreiche Mischbestände des Südschwarzwaldes. – Freiburger Bodenkundliche Abhandlungen, H. 18.

MÖSSMER, R. (1986): Verteilung der neuartigen Waldschäden an der Fichte nach Bestandes- und Standortsmerkmalen in den Bayerischen Alpen. – Forstl. Forschungsberichte, H. 73.

MOHR, K. (1973): Harz. Westlicher Teil. – Sammlung Geologischer Führer. Berlin, Stuttgart.

– (1978): Geologie und Minerallagerstätten des Harzes. Schweizerbart'sche Verlagsbuchhandlung, Stuttgart.

MÜCKE, E.L. (1966): Zur Großformung der Hochfläche des östlichen Harzes. – Hercynia N.F. 3: 221–244.

MÜLLER, G. (1978): Die magmatischen Gesteine des Harzes. – Clausth. Geol. Abh. 31.

– (1980): Die Sedimentgesteine des Harzes. – Clausth. Geol. Abh. 37.

MÜNCH, E. (1928): Winterschäden an Fichte und anderen Gehölzen. – Tharanter forstl. Jb. 79: 276.

NEBE, W. & ROSSBACH, T. (1990): Zur Beurteilung von Immissionsbelastungen im Harz durch Nadelanalysen in Fichtenaufwüchsen. – Hercynia N.F. 27: 82–91.

NEGER, F.W. (1908): „Das Tannensterben in den sächsischen und anderen deutschen Mittelgebirgen." – Tharandter forstl. Jb. 58: 201–225.

NEUMANN, M. & POLLANSCHÜTZ, J. (1988): Taxationshilfe Kronenzustandserhebungen. – Österreichische Forstzeitung 99: 27–37.
OECD (1977): Long range transport of air pollutants. – Organisation for Economic Cooperation and Development, 2. Rue Andre, Paris.
PAUL, D.J. (1975): Sedimentologische und geologische Untersuchungen zur Rekonstruktion des Ablagerungsraumes vor und nach der Bildung der Rammelsberger Pb-Zn-Lager (Zum geologischen Rahmen schichtgebundener Sulfid-Baryt-Lagerstätten, Nr. 6). – Geol. Jb. D 12.
PITELKA, L.F. & RAYNAL, D.J. (1989): Forest decline and acid deposition. – Ecology 70: 2–10.
POLLANSCHÜTZ, J., KILIAN, W., NEUMANN, M. & SIEGEL, G. (1985): Instruktion für die Feldarbeit der Waldzustandsinventur nach bundeseinheitlichen Richtlinien 1984–1988. – Forstl. Bundesversuchsanstalt, Wien.
PRIEHÄUSER, G. (1958): Die Fichtenvariationen und -kombinationen des Bayerischen Waldes nach phänotypischen Merkmalen mit Bestimmungsschlüssel. – Forstwiss. Centralblatt 77: 151–171.
PRINZ, B. (1987): Causes of forest damage in Europe. – Environment, Vol 29, No. 9, 11–37.
–, KRAUSE, G.H.M. & JUNG, K.D. (1987): Development and causes of novel forest decline in Germany. – In: Hutchinson T.C. & Meema K.M. (eds): Effects of Atmospheric Pollutants on Forests, Wetlands and Agricultural Ecosystems, NATO ASI Series Vol G16, 1–24.
RABEN, G.H. (1988): Untersuchungen zur raumzeitlichen Entwicklung boden- und wurzelchemischer Streßparameter und deren Einfluß auf die Feinwurzelentwicklung in bodensauren Waldgesellschaften des Hils. – Ber. des Forschungszentrums Waldökosysteme/Waldsterben, Reihe A, Bd. 38.
RAPER, D.W., LONGHURST, J.W.S. & GUNN, J. (1989): Evidence of small scale variation in acid deposition: a study from the Derbyshire High Peak District. – In: Longhurst, J.W.S. (ed.): Acid Deposition: Sources, Effects and Controls. 25–65.
REEMTSMA, J.B. (1964): Untersuchungen an Fichte und anderen Nadelbaumarten über den Nährstoffgehalt der lebenden Nadeljahrgänge und der Streu. – Diss. Forstl. Fak. der Univ. Göttingen in Hann.Münden.
– (1986): Der Magnesium-Gehalt von Nadeln niedersächsischer Fichtenbestände und seine Beurteilung. – Allg. Forst- und Jagdzeitung 157: 196–200.
REHFUESS, K.E. (1983): Walderkrankungen und Immissionen – eine Zwischenbilanz –. – Allg. Forstzeitschrift 38: 601–610.
– & RODENKIRCHEN, H. (1984): Über die Nadelröte-Erkrankung der Fichte *(Picea abies* Karst.) in Süddeutschland. – Forstwiss. Centralblatt 103: 248–262.
RETTSTADT, G. (1845): Ueber die Einwirkung des Rauches der Silberhütten auf die Waldbäume und den Forstbetrieb. – Allg. Forst- und Jagdzeitung 16: 132–140.
REUSS, J.D. & JOHNSON, D.W. (1986): Acid deposition and the acidification of soils and waters. – Ecological studies 59: Springer Verlag, Berlin.
RÖHLE, H. (1987): Zur Reaktionskinetik der Fichte in verschiedenen Schadgebieten Bayerns. – In: Projektgruppe Bayern zur Erfassung der Wirkung von Umweltschadstoffen (Hrsg.): Klima und Witterung in Zusammenhang mit den neuartigen Waldschäden. GSF-Bericht 10/87, 144–155.
ROST-SIEBERT, K. (1983): Aluminium-Toxicität und -Toleranz an Fichten-Keimpflanzen. – Allg. Forstzeitschrift 39: 686.
RUCK, B. & SCHMIDT, F. (1986): Das Strömungsfeld der Einzelbaumumströmung. – Forstwiss. Centralblatt: 105: 178–196.
–, SCHMITT, F. & KIHM, G. (1988): Aspekte zum Schadensverlauf in Waldbeständen mit windexponierten Träufen. – Forst und Holz 43: 242–245.
SABOROWSKI, J. (1987): Zur Schätzung des Stichprobenfehlers bei den Luftbildwaldschadensinventuren in Niedersachsen. – Mittl. Forstl. Versuchs- und Forschungsanstalt Baden-Württemberg, H. 129, 73–80.
SACHS, L. (1969): Statistische Auswertungsmethoden. – Zweite Auflage, Springer Verlag, Berlin, Heidelberg, New York.
SAUERER, H. (1989): Rasterorientierte Informationssysteme in der Geographie – Konzepte und Erfahrungen bei der Realisierung eines GIS für die Waldschadensforschung. Würzburger Geogr. Arb. 74.
SCHEFFER, F. & SCHACHTSCHABEL, P. (1984): Lehrbuch der Bodenkunde. - Enke Verlag, Stuttgart.

SCHMIDT, A. & HARTMANN, R. (1983): Die Abhängigkeit der neuartigen Waldschäden von Standort und Wasserversorgung im FoA. München. − Allg. Forstzeitung 38: 552.
SCHMIDT-VOGT, H. (1977): Die Fichte. − Bd. I, Parey Verlag, Berlin.
SCHNEIDER, B.U. & ZECH, W. (1987): The influence of acid rain on fine root distribution and nutrition. − In: Mathy, P. (ed): Air Pollution and Ecosystems. Grenoble, France, 910−917.
SCHÖPFER, W. & HRADETZKY, J. (1984): Der Indizienbeweis: Luftverschmutzung − maßgebliche Ursache der Walderkrankung. − Forstw. Centralblatt 103: 231−248.
SCHNOOR, J.L. & STUMM, W. (1986): The role of chemical weathering in the neutralization of acidic deposition. − Schweiz. Z. Hydrol., 48: 171−194.
SCHRIEL, W. (1954): Die Geologie des Harzes. − Schriften Wirtschaftswiss. Ges. Stud. Niedersachsens, N.F. 49.
SCHRIMPFF, E. (1983): Waldsterben infolge hoher Schadstoffkonzentrationen im Nebel?. − Staub − Reinhaltung der Luft 43: 240.
SCHRÖDER, H. & H.J. FIEDLER (1975): Nährstoffgehalt und Trophiegliederung waldbezogener Grundgesteine des Harzes. − Hercynia N.F. 12, Leipzig, 40−57.
− & − (1977): Beitrag zur Kenntnis der Periglazialdecken des östlichen Harzes. − Z. Geol. Wiss. 5: 551−581.
SCHRÖTER, H. & ALDINGER, E. (1985): Beurteilung des Gesundheitszustandes von Fichte und Tanne nach der Benadelungsdichte. − Allg. Forstzeitschrift 40: 438−442.
SCHUBART, W. (1978): Die Verbreitung der Fichte im und am Harz vom hohen Mittelalter bis in die Neuzeit. − Aus dem Walde, H. 28.
SCHUCHART-FICHER, Chr. und Mitarbeiter (1982): Multivariate Analysemethoden. Springer Verlag, Berlin.
SCHÜTT, P., BLASCHKE, H., HOQUE, E., KOCH, W., LANG, K.J. & SCHUCK, H.J. (1983): Erste Ergebnisse einer botanischen Inventur des „Fichtensterbens". − Forstw. Centralblatt 102: 158−166.
SCHULTE, A. (1988): Adsorption von Schwermetallen in repräsentativen Böden Israels und Nordwestdeutschlands in Abhängigkeit von der spezifischen Oberfläche. − Ber. des Forschungszentrums Waldökosysteme, Reihe A, Bd. 46.
SCHULZE, E.D., OREN, R. & ZIMMERMANN, R. (1987): Die Wirkung von Immissionen auf 30jährige Fichten in mittleren Höhenlagen des Fichtelgebirges auf Phyllit. − Allg. Forstzeitschrift 42: 725−730.
SCHWEINGRUBER, F.H. (1987): Beziehungen zwischen Wachstumsphasen in den Jahrringabfolgen und Umweltbedingungen in der Schweiz. − In: Projektgruppe Bayern zur Erforschung der Wirkung von Umweltfaktoren (Hrsg.): Klima und Witterung in Zusammenhang mit den neuartigen Waldschäden, GSF-Bericht 10/87, 165−174.
SEGER, M. (1987): Luftbild-Fernerkundung und raumanalytische Waldschadensforschung. − In: DFVLR (Hrsg.): Untersuchung und Kartierung von Waldschäden mit Methoden der Fernerkundung. 2. DFVLR-Statusseminar, 359−384.
SEMMEL, A. (1968): Studien über den Verlauf jungpleistozäner (soli-fluidaler) Formung in Hessen. − Frankf. Geogr. Hefte 45.
SEUFERT, G. (1988): Untersuchungen zum Einfluß von Luftverunreinigungen auf den wassergebundenen Stofftransport in Modellökosystemen mit jungen Waldbäumen. − Ber. des Forschungszentrums Waldökosysteme, Reihe A., Bd. 44.
SOHN, W. (1957): Der Harzburger Gabbro. − Geol. Jb. 72: 117−172.
SPIEKER, H. (1987): Düngung, Niederschlag und der jährliche Volumenzuwachs einiger Fichtenbestände Südwestdeutschlands. − Allg. Forst- und Jagdzeitung 158: 70−76.
STEINSIEK, P.M. (1984): Forstgeschichtliche Aspekte einer anthropogenen Beeinflussung, Veränderung und Schädigung von Waldökosystemen des Harzes. − Diplomarbeit aus dem Forstwiss. Fachbereich der Univ. Göttingen.
STEVENS, P.A. (1987): Throughfall chemistry beneath Sitka spruce of four ages in Beddgelert Forest, North Wales, UK. − Plant and Soil 101: 291−294.
STIENEN, H., BARCKHAUSEN, R., SCHAUB, H. & BAUCH, J. (1984): Mikroskopische und röntgenenergiedispersive Untersuchungen an Feinwurzeln gesunder und erkrankter Fichten (Picea abies (L.) Karst.) verschiedener Standorte. − Forstwiss. Centralblatt 103: 262−274.

STOCK, R. (1988): Aspekte der regionalen Verbreitung „neuartiger Waldschäden" an Fichte im Harz — Untersuchungen auf der Grundlage von Colorinfrarot (CIR)-Luftbildern. — Forst und Holz 43: 283–286.

STÖCKARDT, A. (1872): Untersuchungen über die schädliche Einwirkung des Hütten- und Steinkohlerauchs auf das Wachstum der Pflanzen, insbesondere Fichte und Tanne. — Tharandter forstl. Jb. 21: 218–254.

STRELETZKI, H.-W. (1984): Waldschadenssituation 1984 in Niedersachsen — Ergebnisse der Waldschadenserhebung. — Der Forst- und Holzwirt 39: 513–519.

SVERDRUP, H. & WARFVINGE, P. (1988): Chemical weathering of minerals in the Gardsjön catchment in relation to a model based on laboratory rate coefficients. — Presented at Workshop on Critical Loads for Sulphur and Nitrogen, held at Skoloster, Sweden, March 20.–24., 1988.

TARRAH, J. (1989): Verwitterungsbilanzen von Böden auf der Basis modaler Mineralbestände (am Beispiel des Bodenprofils Spanbeck 4). — Ber. des Forschungszentrums Waldökosysteme, Reihe A, Bd. 52.

THIEM, W. (1974): Neue Aspekte für die Rekonstruktion der Reliefentwicklung des Harzes. — Hercynia N.F. 11: 233–260, Leipzig.

TVEITE, B. (1987): Air pollution and forest damage in Norway. — In: Hutchinson T.C., Meema K.M. (eds): Effects of Atmospheric Pollutants on Forests, Wetlands and Agricultural Ecosystems, NATO ASI Series Vol G 16, 59–67.

UEBEL, R. (1986): Praxis der Auswertung von Farbinfrarot-Luftbildern zur Waldschadenserfassung in Niedersachsen. — Der Forst- und Holzwirt 41: 426–430.

ULRICH, B. (1980): Die Bedeutung von Rodung und Feuer für die Boden- und Vegetationsentwicklung in Mitteleuropa. — Forstwiss. Centralblatt 99: 376–384.

— (1981): Ökologische Gruppierung von Böden nach ihrem chemischen Bodenzustand. — Z. Bodenkunde u. Pflanzenernährung 144: 289–305.

— (1983): Stabilität von Waldökosystemen unter dem Einfluß des „Sauren Regens". — Allg. Forstzeitschrift 38: 670–677.

— (1984): Langzeitwirkungen von Luftverunreinigungen auf Waldökosysteme. — Düsseldorfer Geobotanische Kolloquien 1, 11–23.

— (1986): Die Rolle der Bodenversauerung beim Waldsterben: Langfristige Konsequenzen und forstliche Möglichkeiten. — Forst-wiss. Centralblatt 105: 421–435.

— (1987): Stabilität, Elastizität und Resilienz von Waldökosystemen unter dem Einfluß saurer Deposition. — Forstarchiv 58: 232-239.

— (1988): Ökochemische Kennwerte des Bodens. — Z. Pflanzenernährung u. Bodenkunde 151: 171–176.

— (1989): Effects of acid deposition on forest ecosystems in Europe. — In: Adriano, D.C. (ed.): Advances in Environmental Science, Vol. 4, Springer Berlin, im Druck.

—, MAYER, R. & KHANNA, P.K. (1979): Deposition von Luftverunreinigungen und ihre Auswirkungen in Waldökosystemen im Solling. — Schriften der Forstl. Fak. der Univ. Göttingen und der Nieders. Forstl. Versuchsanstalt, Bd. 58., Sauerländer Verlag.

—, PIROUZPANAH, D. & MURACH, D. (1984): Beziehungen zwischen Bodenversauerung und Wurzelentwicklung von Fichten mit unterschiedlich starken Schadsymptomen. — Forstarchiv 55: 127–134.

UNSWORTH, M.H. & CROSSLEY, A. (1987): Consequences of cloud water deposition on vegetation at high elevation. — In: Hutchinson, T.C.& Meema, K.M. (eds.): Effects of Atmospheric Pollutants of Forests, Wetlands and Agricultural Ecosystems, NATO ASI Series, Vol. G. 16, 171–188.

— & FOWLER, D. (1987): Deposition of pollutants on plants and soils; principles and pathways. — In: Mathy, P. (ed.): Air pollution and Ecosystems. 68–84, Grenoble, France.

VALETON, I. (1988): Verwitterung und Verwitterungslagerstätten. — In: Füchtbauer, H. (ed.): Sedimente und Sedimentgesteine. Teil II, Schweizerbart'sche Verlagsbuchhandlung, Stuttgart.

VAN BREEMEN, N., MULDER, J. & DISCROLL, T.C. (1983): Acidification and alkalinization of soils. — Plant and soil 75: 283–308.

VON SCHROEDER, J. & REUSS, C. (1883): Die Beschädigung der Vegetation durch Rauch und die Oberharzer Hüttenrauchschäden. — Verlag P. Parey, Berlin.

WACHTER, H. (1985): Zur Lebensdauer von Fichtennadeln in einigen Waldgebieten Nordrhein-Westfalens. – Der Forst- und Holzwirt 40: 420–425.
WIELER, A. (1897): Über unsichtbare Rauchschäden an Nadelbäumen. – Z. Forst- und Jagdwesen 29: 513–529.
WIRTH, E. (1979): Theoretische Geographie. – Teubner Taschenbücher, Stuttgart.
WOHLFEIL, I. (1989): Vergleich dreier Waldeinzugsgebiete (Lange Bramke, Birkenes, Hoylandet) entlang eines Depositionsgradienten. – Vegetationsgeographische Untersuchungen –. Dipl.arb. Geograph. Inst. Univ. Göttingen.
ZECH, W. & POPP, E. (1983): Magnesiummangel, einer der Gründe für das Fichten- und Tannensterben in NO-Bayern. – Forstwiss. Centralblatt 102: 50–55.
–, SUTTNER, T. & POPP, E. (1985): Elemental analysis and physiological responses of forest trees in SO2-polluted areas of NE-Bavaria. – Water, Air, and Soil Pollution 25: 175–183.
ZEDERBAUER, E. (1916): Beiträge zur Biologie der Waldbäume. Lebensdauer der Blätter. Zentralblatt für das gesamte Forstwesen 42: 339–341.
ZÖTTL, H.W. & MIES, E. (1983): Nährelementversorgung und Schadstoffbelastung von Fichtenökosystemen im Schwarzwald unter Immissionseinfluß. – Mittl. Dtsch. Bodenkundl. Ges. 38: 429–434.
– & HÜTTL, R. (1985): Schadsymptome und Ernährungszustand von Fichtenbeständen im südwestdeutschen Alpenvorland. – Allg. Forstzeitschrift 40: 197–199.
– & HÜTTL, R.F. (1986): Nutrient supply and forest decline in southwest Germany. – Water, Air and Soil Pollution 31: 449–462.

KARTENVERZEICHNIS

Forstkarten (1:10000) und Standortstypenkarten (1:10000)

Staatliche Forstämter:
Altenau (1–6), Andreasberg (1–3), Braunlage (1–5), Clausthal- Schulenberg (1–5), Harzburg (1–4), Kupferhütte (1–3), Lautenthal (1–5), Lonau (1–3), Oderhaus (1–2), Riefensbeek (1–5), Seesen (1–4), Sieber (1–3), Walkenried (3–4).

Forstgrundkarte des Stadtforstamtes Goslar (1:10000)

Geologische Karten (1:25000)
Lutter (4027), Seesen (4127), Goslar (4028), Clausthal-Zellerfeld (4128), Bad Harzburg (4129), Osterode (4227), Riefensbeek (4228), Braunlage (4229), Bad Lauterberg (4328), Zorge (4329).

Geologische Übersichtkarte 1:200000, Goslar (CC 4726).

GÖTTINGER GEOGRAPHISCHE ABHANDLUNGEN

Herausgegeben vom Vorstand des Geographischen Instituts der Universität Göttingen
Schriftleitung: Karl-Heinz Pörtge

Heft 33: **Rohdenburg, Heinrich: Die Muschelkalk-Schichtstufe am Ostrand des Sollings und Bramwaldes.** Eine morphogenetische Untersuchung unter besonderer Berücksichtigung der jungquartären Hangformung. Göttingen 1965. 94 Seiten mit 24 Abbildungen und 4 Karten. Preis 8,50 DM.

Heft 35: **Goedeke, Richard: Die Oberflächenformen des Elm.** Göttingen 1966. 95 Seiten mit 16 Textabbildungen und 6 Beilagen. Preis 9,60 DM.

Heft 39: **Uthoff, Dieter: Der Pendelverkehr im Raum um Hildesheim.** Eine genetische Untersuchung zu seiner Raumwirksamkeit. Göttingen 1967. 250 Seiten mit 21 Abbildungen und 34 Karten. Preis 24,60 DM.

Heft 40: **Höllermann, Peter Wilhelm: Zur Verbreitung rezenter periglazialer Kleinformen in den Pyrenäen und Ostalpen** (mit Ergänzungen aus dem Apennin und dem Französischen Zentralplateau). Göttingen 1967. 198 Seiten mit 41 Abbildungen. Preis 24,– DM.

Heft 41: **Bartels, Gerhard: Geomorphologie des Hildesheimer Waldes.** Göttingen 1967. 138 Seiten mit 18 Textabbildungen und 5 Beilagen. Preis 10,50 DM.

Heft 42: **Krüger, Rainer: Typologie des Waldhufendorfes nach Einzelformen und deren Verbreitungsmustern.** Göttingen 1967. 190 Seiten mit 13 Textabbildungen, 3 Tafeln und 14 Karten. Preis 16,50 DM.

Heft 43: **Schunke, Ekkehard: Die Schichtstufenhänge im Leine-Weser-Bergland in Abhängigkeit vom geologischen Bau und Klima.** Göttingen 1968. 219 Seiten mit 1 Textabbildung und 3 Beilagen. Preis 15,45 DM.

Heft 44: **Garleff, Karsten: Geomorphologische Untersuchungen an geschlossenen Hohlformen ("Kaven") des Niedersächsischen Tieflandes.** Göttingen 1968. 142 Seiten mit 13 Textabbildungen und 1 Beilage. Preis 12,50 DM.

Heft 45: **Brosche, Karl-Ulrich: Struktur- und Skulpturformen im nördlichen und nordwestlichen Harzvorland.** Göttingen 1968. 236 Seiten mit 2 Textabbildungen und 10 Beilagen. Preis 16,50 DM.

Heft 46: **Hütteroth, Wolf-Dieter: Ländliche Siedlungen im südlichen Inneranatolien in den letzten vierhundert Jahren.** Göttingen 1968. 233 Seiten mit 91 Textabbildungen und 5 Beilagen. Preis 37,50 DM.

Heft 47: **Vogt, Klaus-Dieter: Uelzen – Seine Stadt-Umland-Beziehungen in historisch-geographischer Betrachtung.** Göttingen 1968. 178 Seiten mit 38 Abbildungen als Beilagen. Preis 12,– DM.

Heft 48: **Kelletat, Dieter: Verbreitung und Vergesellschaftung rezenter Periglazialerscheinungen im Apennin.** Göttingen 1969. 114 Seiten mit 36 Abbildungen und 4 Beilagen. Preis 14,– DM.

Heft 49: **Stingl, Helmut: Ein periglazial-morphologisches Nord-Süd-Profil durch die Ostalpen.** Göttingen 1969. 120 Seiten mit 36 Abbildungen und 4 Beilagen. Preis 15,– DM.

Heft 50: **Hagedorn, Jürgen: Beiträge zur Quartärmorphologie griechischer Hochgebirge.** Göttingen 1969. 135 Seiten mit 44 Abbildungen. Preis 16,50 DM.

Heft 51: **Garleff, Karsten: Verbreitung und Vergesellschaftung rezenter Periglazialerscheinungen in Skandinavien.** 60 Seiten und 20 Abbildungen.

Kelletat, Dieter: Rezente Periglazialerscheinungen im schottischen Hochland. 74 Seiten, 25 Abbildungen und 2 Karten. Göttingen 1970. Preis 13,50 DM.

Heft 52: **Uthoff, Dieter: Der Fremdenverkehr im Solling und seinen Randgebieten.** Göttingen 1970. 182 Seiten mit 35 Abbildungen. Preis 19,80 DM.

Heft 53: **Marten, Horst-Rüdiger: Die Entwicklung der Kulturlandschaft im alten Amt Aerzen des Landkreises Hameln-Pyrmont.** Göttingen 1969. 205 Seiten mit 23 Figuren und 22 Abbildungen im Text und 53 Beilagen. Preis 27,– DM.

Heft 54: **Denecke, Dietrich: Methodische Untersuchungen zur historisch-geographischen Wegeforschung im Raum zwischen Solling und Harz.** Ein Beitrag zur Rekonstruktion der mittelalterlichen Kulturlandschaft. Göttingen 1969. 424 Seiten mit 60 Abbildungen und 1 Beilage. Preis 27,– DM.

Heft 55: **Fliedner, Dietrich: Die Kulturlandschaft der Hamme-Wümme-Niederung.** Gestalt und Entwicklung des Siedlungsraumes nördlich von Bremen. Göttingen 1970. 208 Seiten mit 29 Abbildungen. Preis 36,– DM.

Heft 56: **Karrasch, Heinz: Das Phänomen der klimabedingten Reliefsymmetrie in Mitteleuropa.** Göttingen 1970. 300 Seiten mit 82 Abbildungen und 7 Beilagen. Preis 32,– DM.

Heft 57: **Josuweit, Werner: Die Betriebsgröße als agrarräumlicher Steuerungsfaktor im heutigen Kulturlandschaftsgefüge.** Analyse dreier Gemarkungen im Mittleren Leinetal. Göttingen 1971. 241 Seiten mit 14 Abbildungen und 5 Beilagen. Preis 30,– DM.

Heft 58: **Brandt, Klaus: Historisch-geographische Studien zur Orts- und Flurgenese in den Dammer Bergen.** Göttingen 1971. 291 Seiten mit 7 Abbildungen und 8 Beilagen. Preis 28,80 DM.

Heft 59: **Amthauer, Helmut: Untersuchungen zur Talgeschichte der Oberweser.** Göttingen 1972. 99 Seiten mit 16 Abbildungen und 3 Beilagen. Preis 22,50 DM.

Heft 60: **Hans-Poser-Festschrift:** Herausgegeben von Jürgen Hövermann und Gerhard Oberbeck. Göttingen 1972. 576 Seiten mit 210 Abbildungen. Preis 37,50 DM.

Heft 61: **Pyritz, Ewald: Binnendünen und Flugsandebenen im Niedersächsischen Tiefland.** Göttingen 1972. 170 Seiten mit 27 Abbildungen und 3 Beilagen. Preis 24,– DM.

Heft 62: **Spönemann, Jürgen: Studien zur Morphogenese und rezenten Morphodynamik im mittleren Ostafrika.** Göttingen 1974. 98 Seiten mit 42 Abbildungen und 7 Beilagen. Preis 25,– DM.

Heft 63: **Scholz, Fred: Belutschistan (Pakistan). Eine sozialgeographische Studie des Wandels in einem Nomadenland seit Beginn der Kolonialzeit.** Göttingen 1974. 322 Seiten mit 81 Abbildungen und 3 Beilagen. Preis 60,– DM.

Heft 64: **Stein, Christoph: Studien zur quartären Talbildung in Kalk- und Sandgesteinen des Leine-Weser-Berglandes.** Göttingen 1975. 136 Seiten mit 61 Abbildungen und 3 Beilagen. Preis 18,– DM.

GÖTTINGER GEOGRAPHISCHE ABHANDLUNGEN

Herausgegeben vom Vorstand des Geographischen Instituts der Universität Göttingen
Schriftleitung: Karl-Heinz Pörtge

Heft 65: **Tribian, Henning: Das Salzgittergebiet.** Eine Untersuchung der Entfaltung funktionaler Beziehungen und sozioökonomischer Strukuren im Gefolge von Industrialisierung und Stadtenwicklung. Göttingen 1976. 296 Seiten mit 45 Abbildungen. Preis 33,– DM.

Heft 66: **Nitz, Hans-Jürgen (Hrsg.): Landerschließung und Kulturlandschaftswandel an den Siedlungsgrenzen der Erde.** Symposium anläßlich des 75. Geburtstages von Prof. Dr. Willi Czajka. Göttingen 1976. 292 Seiten mit 76 Abbildungen und Karten. Preis 32,– DM.

Heft 67: **Kuhle, Matthias: Beiträge zur Quartärmorphologie SE-Iranischer Hochgebirge.** Die quartäre Vergletscherung des Kuh-i-Jupar. Göttingen 1976. Textband 209 Seiten. Bildband mit 164 Abbildungen und Panorama. Preis 78,– DM.

Heft 68: **Garleff, Karsten: Höhenstufen der argentinischen Anden in Cujo, Patagonien und Feuerland.** Göttingen 1977. 152 Seiten, 34 Abbildungen, 6 Steckkarten. Preis 36,– DM.

Heft 69: **Gömann, Gerhard: Art und Umfang der Urbanisation im Raume Kassel.** Grundlagen, Werdegang und gegenwärtige Funktion der Stadt Kassel und ihre Bedeutung für das Umland. Göttingen 1978. 250 Seiten mit 22 Abbildungen und 2 Beilagen. Preis 48,– DM.

Heft 70: **Schröder, Eckart: Geomorphologische Untersuchungen im Hümmling.** Göttingen 1977. 120 Seiten mit 18 Abbildungen, 3 Tabellen und 7 zum Teil mehrfarbigen Karten. Preis 34,– DM.

Heft 71: **Sohlbach, Klaus D.: Computerunterstützte geomorphologische Analyse von Talformen.** Göttingen 1978. 210 Seiten, 37 Abbildungen und 13 Tabellen. Preis 51,30 DM.

Heft 72: **Brunotte, Ernst: Zur quartären Formung von Schichtkämmen und Fußflächen im Bereich des Markoldendorfer Beckens und seiner Umrahmung (Leine-Weser-Bergland).** Göttingen 1978. 142 Seiten mit 51 Abbildungen, 6 Tabellen und 4 Beilagen. Preis 37,50 DM.

Heft 73: **Liss, Carl-Christoph: Die Besiedlung und Landnutzung Ostpatagoniens unter besonderer Berücksichtigung der Schafestancien.** Göttingen 1979. 280 Seiten mit 60 Abbildungen und 5 Beilagen. Preis 48,50 DM.

Heft 74: **Heller, Wilfried: Regionale Disparitäten und Urbanisierung in Griechenland und Rumänien.** Aspekte eines Vergleichs ihrer Formen und Entwicklung in zwei Ländern unterschiedlicher Gesellschafts- und Wirtschaftsordnung seit dem Ende des Zweiten Weltkrieges. Göttingen 1979. 315 Seiten mit 59 Tabellen, 98 Abbildungen und 4 Beilagen. Preis 68,– DM.

Heft 75: **Meyer, Gerd-Uwe: Die Dynamik der Agrarformationen – dargestellt an ausgewählten Beispielen des östlichen Hügellandes, der Geest und der Marsch Schleswig-Holsteins.** Von 1950 bis zur Gegenwart. Göttingen 1980. 231 Seiten mit 26 Abbildungen, 18 Tabellen und 7 Beilagen. Preis 52,50 DM.

Heft 76: **Spering, Fritz: Agrarlandschaft und Agrarformation im deutsch-niederländischen Grenzgebiet des Emslandes und der Provinzen Drenthe/Overijssel.** Göttingen 1981. 304 Seiten mit 62 Abbildungen und 8 Kartenbeilagen. Preis 56,– DM.

Heft 77: **Lehmeier, Friedmut: Regionale Geomorphologie des nördlichen Ith-Hils-Berglandes auf der Basis einer großmaßstäbigen geomorphologischen Kartierung.** Göttingen 1981. 137 Seiten mit 38 Abbildungen, 9 Tabellen und 5 Beilagen. Preis 54,– DM.

Heft 78: **Richter, Klaus: Zum Wasserhaushalt im Einzugsgebiet der Jökulsá á Fjöllum, Zentral-Island.** Göttingen 1981. 101 Seiten mit 23 Tabellen und 37 Abbildungen. Preis 22,– DM.

Heft 79: **Hillebrecht, Marie-Luise: Die Relikte der Holzkohlewirtschaft als Indikatoren für Waldnutzung und Waldentwicklung.** Göttingen 1982. 158 Seiten mit 37 Tabellen, 34 Abbildungen und 9 Karten. Preis 47,50 DM.

Heft 80: **Wassermann, Ekkehard: Aufstrecksiedlungen in Ostfriesland.** Göttingen 1985. 172 Seiten und 12 Abbildungen. Preis 48,– DM.

Heft 81: **Kuhle, Matthias: Internationales Symposium über Tibet und Hochasien vom 8.–11. Oktober 1985 im Geographischen Institut der Universität Göttingen.** Göttingen 1986. 248 Seiten, 66 Abbildungen, 65 Figuren und 10 Tabellen. Preis 34,– DM.

Heft 82: **Brunotte, Ernst: Zur Landschaftsgenese des Piedmont an Bolsonen der Mendociner Kordilleren (Argentinien).** Göttingen 1986. 131 Seiten mit 50 Abbildungen, 3 Tabellen und 5 Beilagen. Preis 41,– DM.

Heft 83: **Hoyer, Karin: Der Gestaltwandel ländlicher Siedlungen unter dem Einfluß der Urbanisierung – eine Untersuchung im Umland von Hannover.** Göttingen 1987. 288 Seiten mit 57 Abbildungen, 20 Tabellen und 13 Beilagen. Preis 34,– DM.

Heft 84: **Aktuelle Geomorphologische Feldforschung.** Vorträge anläßlich der 13. Jahrestagung des Deutschen Arbeitskreises für Geomorphologie vom 6.–10. Oktober 1986 im Geographischen Institut der Universität Göttingen. Herausgegeben von Jürgen Hagedorn und Karl-Heinz Pörtge. Göttingen 1987. 128 Seiten mit 50 Abbildungen und 15 Tabellen. Preis 25,– DM.

Heft 85: **Kiel, Almut: Untersuchungen zum Abflußverhalten und fluvialen Feststofftransport der Jökulsá Vestri und Jökulsá Eystri, Zentral-Island. Ein Beitrag zur Hydrologie des Periglazialraumes.** Göttingen 1989. 130 Seiten mit 53 Abildungen und 20 Tabellen. Preis 24,– DM.

Heft 86: **Beiträge zur aktuellen fluvialen Morphodynamik.** Herausgegeben von Karl-Heinz Pörtge und Jürgen Hagedorn. Göttingen 1989. 144 Seiten mit 61 Abbildungen und 12 Tabellen. Preis 26,– DM.

Heft 87: **Rother, Norbert: Holozäne fluviale Morphodynamik im Ilmetal und an der Nordostabdachung des Sollings (Südniedersachsen).** Göttingen 1989. 104 Seiten mit 59 Abbildungen, 10 Tabellen und einer Beilage. Preis 22,– DM.

Heft 88: **Lehmkuhl, Frank: Geomorphologische Höhenstufen in den Alpen unter besonderer Berücksichtigung des nivalen Formenschatzes.** Göttingen 1989. 116 Seiten mit 39 Abbildungen, 64 Diagrammen, 6 Tabellen und 6 Beilagen. Preis 22,– DM.

Heft 89: **Stock, Reinhard: Die Verbreitung von Waldschäden in Fichtenforsten des Westharzes – eine geographische Analyse.** Göttingen 1990. 104 Seiten mit 38 Abbildungen und 20 Tabellen. Preis 22,– DM.

Das vollständige Veröffentlichungsverzeichnis der GGA kann beim Verlag angefordert werden.

Alle Preise zuzüglich Versandspesen. Bestellungen an:

Verlag Erich Goltze GmbH & Co. KG., Göttingen